Michael Hüfner

Zuversicht ins Leben

Michael Hüfner

Zuversicht ins Leben

Ermutigende Predigten und Kurzansprachen eines Klinikseelsorgers

Fromm Verlag

Impressum/Imprint (nur für Deutschland/ only for Germany)
Bibliografische Information der Deutschen Nationalbibliothek: Die Deutsche Nationalbibliothek verzeichnet diese Publikation in der Deutschen Nationalbibliografie; detaillierte bibliografische Daten sind im Internet über http://dnb.d-nb.de abrufbar.

Coverbild: www.ingimage.com

Contact:
International Book Market Service Ltd., 17 Rue Meldrum, Beau Bassin, 1713-01 Mauritius
Website: www.bookmarketservice.com
Email: info@bookmarketservice.com

Gedruckt in: USA, UK, Deutschland. Dieses Buch wurde nicht in Mauritius produziert.

Imprint (only for USA, GB)
Bibliographic information published by the Deutsche Nationalbibliothek: The Deutsche Nationalbibliothek lists this publication in the Deutsche Nationalbibliografie; detailed bibliographic data are available in the Internet at http://dnb.d-nb.de.

Cover image: www.ingimage.com

Contact:
International Book Market Service Ltd., 17 Rue Meldrum, Beau Bassin, 1713-01 Mauritius
Website: www.bookmarketservice.com
Email: info@bookmarketservice.com

Printed in: U.S.A., U.K., Germany. This book was not produced in Mauritius.

ISBN: 978-3-8416-0020-2

Inhaltsverzeichnis

Zwischen Allmachtsphantasie und Ohnmachtserfahrung (1. Mose 3, 1-19)

Liebe Gemeinde

Diese Erzählung aus der Vertreibung aus dem Paradies ist eine Geschichte aus den mythischen Anfangsgründen des Menschlichen. - ein Versuch, für die elementaren Lebensprobleme des Menschen eine Lösung zu finden. Sie versucht, eine Antwort auf die Frage nach den Ursachen der zwiespältigen Existenz des Menschen zu finden Ich werde erinnert an das Gedicht eines Drogenabhängigen, mit dem ich mich diesem Text aus dem 1.Buch Mose annähern will. Ein Drogenabhängiger schreibt:

Wir haben die verbotene Frucht gegessen, uns hat im Moment das Weltall besessen und wir hatten die Welt in der Hand. Das wirkliche Leben war hinter den Dingen, und was wir mit zitternden Händen noch fingen, war Tand. (Tand ist ein altdeutsches Wort für etwas, was keinen Wert hat.)

In diesem Gedicht spiegelt sich die widersprüchliche Erfahrungen dieses Menschen von Allmachtsphantasie, totalem Glück auf der einen und Ohnmachtserfahrung auf der anderen Seite wieder - einer Erfahrung, der wir auf einer anderen Ebene immer wieder begegnen.

Der Mensch, der versucht, alles in den Griff zu gekommen, Herr zu werden über Leben und Tod, wird immer wieder konfrontiert mit seiner Unvollkommenheit und Schuld; und auch mit der Frage nach der Verantwortung, nach verantwortlichem Handeln. Die Sehnsucht, die hier zum Ausdruck kommt, nämlich zu wissen, was gut und böse ist, ist keineswegs moralisch gemeint, sondern damit ist der Drang gemeint, machtgierig alles wissen zu wollen, der Drang nach dem absoluten Glück. Es ist der Ausdruck der Allmachtsphantasie des Menschen.

Der Mensch, der versucht, alles in den Griff zu gekommen, Herr zu werden über Leben und Tod, wird immer wieder konfrontiert mit seiner Unvollkommenheit und Schuld; und auch mit der Frage nach der Verantwortung, nach verantwortlichem Handeln. Diese Erfahrung zieht sich wie ein roter Faden durch die Geschichte der Menschheit.

3 Schlaglichter:

- Als 1939 der Physiker Otto Hahn entdeckte, dass sich ein Atom spalten ließ, da war die Welt begeistert. Eine Grenze war gesprengt, die vorher unüberwindbar war. Plötzlich konnte man ungeahnte Energien freisetzen, Später, als in der Wüste Nevada die 1.Versuchsbombe gezündet wurde, sagte Robert Oppenheimer: „Auf einmal wussten wir, was Sünde ist.“ ---- und heute -- kämpfen wir mit der Endlagerung des radioaktiven Mülls und mit der Machtgier mancher Völker, die diese Energie feindlich nutzen wollen. Die Japaner haben ja auch jetzt aufgrund des Erdbebens sich mit der Frage zu beschäftigen ob ihre AKWs sicher genug sind. Der Mensch ist in seiner Verantwortung gefragt.

- Ich denke an die Errungenschaften in der Medizin; an die Versuchung, Herr über Leben und Tod zu sein , z.B. an die vieldiskutierte Präimplantationsdiagnostik, die es möglich macht, behindertes Leben einer künstlich befruchteten Eizelle vor der Einpflanzung in den Mutterleib auszusortieren.: Der Mensch ist in seiner Verantwortung gefragt.

- Ich denke an unseren Umgang mit der Schöpfung, mit der Welt, wie wir sie von Gott geschenkt bekommen haben. – Dazu ein sehr nachdenklich stimmender Ausspruch von Jörg Zink: Er hat einmal gesagt:

  „Der erste Satz unseres Glaubensbekenntnisses lautet: ‚Ich glaube an Gott, den Vater, den Allmächtigen, den Schöpfer des Himmels und der Erde.’ Was aber bedeutet es, wenn wir einerseits mit diesen Worten sagen, diese Welt sie die Welt Gottes, andererseits aber leben, forschen, produzieren, wegwerfen und die Erde zerstören und ausbeuten, als gehöre sie uns und als seien wir niemandem, auch Gott nicht, Rechenschaft schuldig ? Ist unser Umgang nicht Ausdruck einer brutalen Verachtung der Schöpfung und des Schöpfers?“ Der Mensch ist in seiner Verantwortung gefragt.

Diese Geschichte nun aus der Vertreibung aus dem Paradies, liebe Gemeinde, ist, wie sagt, eine Geschichte aus den mythischen Anfangsgründen des Menschlichen.; ein Versuch, für diese elementaren Lebensprobleme eine Lösung zu finden. Sie versucht, eine Antwort auf die Frage nach den Ursachen dieser zwiespältigen Existenz des Menschen zu finden, dieser Ambivalenz zwischen Allmachtsphantasie und Ohnmachtserfahrung, ebenso wie dem verantwortlichen Umgang mit der Freiheit. Und sie erzählt von der Sehnsucht, etwas ungeschehen zu machen. Sie lässt die Einsicht heraufdämmern, dass genau das unmöglich ist. Ich kann ja tatsächlich nichts ungeschehen machen. Und sie lässt die Scham aufglühen in dem Versuch, sich zu verkriechen und zu verbergen. "Ich war’s nicht - Eva war's" Adam, das hebräische. Wort für Mensch, ist um eine Ausrede nicht verlegen. Auch im Bereich der Politik haben wir ja das in diesen Wochen auch immer wieder erlebt.

Wie aber sind verantwortlich für unsere Entscheidungen, unser Reden und Tun. Wir sind fähig, zu dem stehen, was wir tun; auch zu unseren Fehlern und Unzulänglichkeiten

In diesem Zusammenhang möchte ich auch hinweisen auf die diesjährige Fastenaktion der evang. Kirche, die Sie wahrscheinlich alle kennen, "7 Wochen ohne". Sie lädt dazu ein, es dieses Jahr 7 Wochen ohne Ausreden zu versuchen, Abschied von den falschen Ausreden zu nehmen und aufrichtig zu dem stehen, was wir tun oder getan haben und Verantwortung für unser Handeln zu übernehmen.

Dazu gehört sicher auch - wenn ich an die Worte von Jörg Zink denke - der Umgang der Umgang mit der mir von Gott geschenkten Schöpfung, beispielsweise mit den Errungenschaften der Lebensmittelindustrie. Hier ganz konkret: mit einem bewussten Konsumverhalten, das auch eine artgerechte Tierhaltung unterstützt, dass ich mir bewusst mache, dass in Entwicklungsländern Felder gerodet werden, um Soja anzubauen, nur damit unsere Rinder und Schweine, die wir in großen Mengen Verzehren, etwas zu fressen haben.

Dazu gehört sicher auf der anderen Seite auch, dass ich mir unter anderem auch eine Meinung bilde über die Problematik der Laufzeitverlängerung von AKW's,

Wir werden dabei natürlich immer wieder mit unserer Unzulänglichkeit konfrontiert. Aber wir dürfen dazu stehen, denn glücklicherweise ist dieses Wort vom Anfang der Bibel, - und damit komme ich wieder zurück auf den Bibeltext - diese Geschichte von unseren mythischen Anfangsgründen, nicht ihr letztes Wort. Sie gibt dem Menschen, der wie Gott sein will, wenig Chancen.

Aber die Bibel redet dann doch sehr ausführlich von dem Gott, der wie ein Mensch sein will, das heißt so, wie der Mensch eigentlich sein soll. Diese menschliche Seite Gottes verkörpert dieser Mann aus Nazareth, der quasi eine Brücke baut zwischen der Unzulänglichkeit des Menschen und der Vollkommenheit, die von Ursprung alles Seins, von Gott kommt.

Mit anderen Worten.:. wir können „ja“ sagen zu dem, was wir tun, weil dieser menschgewordene Gott zu uns „ja“ sagt: „ich nehme dich so an, wie du bist.“ und: „wer zu mir kommt, den will ich nicht hinausstoßen“ Dass heißt, wir sind fähig, christliche Werte in dieser Welt zu verwirklichen; dafür Verantwortung zu übernehmen und zu dem zu stehen, was wir tun, weil der hinter uns steht, der diese Welt geschaffen hat, damit wir sie treuhänderisch verwalten.

Dazu gehört dann ein Stück weit auch die Gelassenheit, Dinge hinzunehmen, die ich nicht ändern, aber auch der Mut, Dinge zu ändern, die ich ändern kann, und vor allem die Weisheit, das einen vom anderen zu unterscheiden. Wir sind also fähig, christliche Werte in dieser Welt zu verwirklichen; - dafür Verantwortung zu übernehmen und zu dem zu stehen, was wir tun, weil der hinter uns steht, der diese Welt geschaffen hat, damit wir sie treuhänderisch verwalten

Und dass er hinter uns steht und uns eine Hoffnungsbasis geschaffen hat, die uns trägt, das ist uns nicht nur im Wort der Bibel überliefert, sondern auch im Abendmahl, das wir jetzt im Anschluss miteinander feiern wollen.

Und in diesem Sinne möge der Friede Gottes, der höher ist, als wir denken können, bei Ihnen bleiben heute, morgen und immer.

Amen

Versöhnung (1.Mose 22,1-20)

Liebe Gemeinde

Da bereut ein Mensch, was er getan hat. Er hatte seinen Bruder betrogen. So ein Betrug ist eine Verletzung, die tief sitzt; die ans Eingemachte geht; eine Verletzung, die eigentlich auch das Vertrauensverhältnis zerstört.
Der Bruder hatte ihm vergeben und hat sich mit seinem Bruder und mit sich selbst versöhnt. Das hört sich in unserer Geschichte so leicht an; wie das "happy end" eines kitschigen Romans.
Aber Versöhnung ist nicht immer so einfach. Sicher, der Steuersünder, der sich selbst beim Finanzamt anzeigt, kann seine Steuerschulden wieder gut machen. Ganz anders sieht es aber aus, wenn in Afghanistan eine Bombe versehentlich Zivilisten trifft und sich die Regierung dafür entschuldigt. Es gibt Dinge, die lassen sich nicht ohne weites wieder gutmachen.
Trotzdem: Wenn Menschen miteinander leben wollen, brauchen sie Versöhnung. Wo immer Streit, Krieg oder Unfriede war, ist ohne Versöhnung nichts zu gewinnen. Ungelöste Konflikte können krank machen. Wenn nicht Wunden offen bleiben und eitern sollen, braucht es Heilung.
Aber einfach nur so - aus dem Nichts heraus, ist Versöhnung nicht zu gewinnen. Das ist so, weil die Gründe und Anlässe, die zur Auseinanderssetzung geführt haben, ja in der Regel nicht wegfallen; weil die Beschwerdepunkte bleiben und weil sie uns beständig daran erinnern, dass etwas nicht stimmt; weil die Wunden und Narben uns nur umso empfindlicher machen für Dinge.
Der Volksmund sagt: Ein gebranntes Kind scheut das Feuer. Dass heißt: ich bin skeptisch, wenn ich schlechte Erfahrungen gemacht habe. Ich greife das Bild auf und sage: Nur durch bewussten und sicheren Umgang mit dem Feuer kann der oder die Gebrannte einen neuen Zugang bekommen und zur Normalität zurückkehren. Ich könnte jetzt auch sagen: ich muss lernen, "ohne Scheu" mit dem Feuer umzugehen - wie auch Jakob und Esau sich wieder angenähert haben.

Der Text gibt einen Hinweis darauf, wie Versöhnung geschehen kann. Wobei der Prozess des sich Annäherns – des Wieder gutwerdens- sehr langwierig sein kann und zu einer großen in die Zukunft gerichteten Bewährungsprobe werden kann.

Es gehört sicher auch ein Stück weit Mut dazu, der Mut zur Unvollkommenheit; das Eingeständnis, dass ich Fehler habe. Ich muss zu mir stehen können, mir selbst in die Augen schauen können

Dabei kann es sicher auch manchmal notwendig sein, dass ich mich in gewissen Situationen erst mit mir selbst versöhnen muss, erst mit mir selbst ins Reine kommen muss, so schwierig das auch manchmal ist. So verstehe auch den äußerst bedauerlichen Rücktritt der Ratsvorsitzenden der EKD Margot Käßmann, die aber dadurch auch Format gezeigt hat; Format, an dem sich manch einer eine Scheibe abschneiden kann. Ich muss mit mir im Reinen sein, bevor ich anderen wieder in die Augen blicken kann. Versöhnung fängt also bei mir an. Und das ist es eben auch wichtig, wieder offen ins Angesicht des anderen schauen zu können und das Angesicht des anderen wahrnehmen zu können. Das war auch dem Jakob in der Begegnung mit seinem Bruder sehr wichtig. Dieser Aspekt wird durch eine rabbinische Erzählung sehr schön verdeutlicht:

Ein Rabbi fragte seiner Schüler: „Sagt mir: Worin unterscheidet sich die Nacht vom Tag? Woran erkennt man das? Die Schüler antworteten: Vielleicht erkennt man das daran, wenn man einen Busch von einem Baum unterscheiden kann, oder wenn man einen Zwirnsfaden vom Horizont unterscheiden kann." Der Rabbi antwortete darauf: „Weit gefehlt: Der Tag beginnt in dem Moment, wo der eine im Angesicht des anderen die Schwester oder den Bruder erkennt. solange das nicht der Fall ist, solange ist noch Nacht in uns." -- das Angesicht des Bruders oder der Schwester als Gottes Geschöpf; weil Gott uns ja einander zugewiesen hat.

Jakob stellt in unserer Geschichte auch den Zusammenhang her, indem er zu Esau sagt: „Ich habe dein Angesicht gesehen, wie man Gottes Angesicht sieht, und du hast mich freundlich aufgenommen." Ich könnte jetzt auch sagen: „das Angesicht des Bruders und das Angesicht Gottes sind gewissermaßen eins."

Wichtig ist auch noch ein weiterer Aspekt, dass ich mich einlasse auf eine gewisse Bewährungsprobe, auf den Neuanfang; Vorhin sagt ich: Nur durch bewussten und sicheren Umgang mit dem Feuer kann der oder die Gebrannte einen neuen Zugang bekommen und zur Normalität zurückkehren.

Esau nimmt Jakob ernst, der aufrichtig bereut und der einige Male in unserem Text betont, dass er Gnade finden will vor den Augen seines Herrn; wobei natürlich diese Bewährungsprobe oder die Wiedergutmachung sicher ein langer, vielleicht auch ein schmerzhafter Prozess sein kann, der von allen Geduld und Flexibilität fordert.

Und wenn ich dabei jetzt auch noch an die bildhafte Redewendung denke „über den eigene Schatten zu springen“, dann zeigt das, das es auch manchmal unmöglich erscheint, manche Hindernisse auf dem Weg zur Versöhnung aus dem Weg zu räumen.
Im Bereich der Ökumene spricht man ja dann auch, nebenbei gesagt, von der „versöhnten Verschiedenheit“
Aber - was nun den Bewährungsprozess angeht, da hilft mir ein Gedanke, der auf einem der früheren Kirchentage gefallen ist. Da sagte jemand: Wir haben eine ganz andere Möglichkeit zu leben. Dann sieht sie an Künstlern, Kindern und Forschern. Sie haben eines gemeinsam: sich lassen sich nicht von ihren schlechten Erfahrungen, sondern von guten Erwartungen leiten.

Hierin haben wir ein Vorbild – und jetzt schlage ich die Brücke zum Neuen Testament - in dem Mann aus Nazareth. Vorhin in der Epistellesung im 2. Korintherbrief hörten wir:
„Gott versöhnte die Welt mit sich selbst … und hat unter uns das Wort von der Versöhnung aufgerichtet.“
Das heißt nichts anderes als dass Gott mit seiner menschlichen Seite in Christus die Initiative ergriffen hat, genauso wie in unserem Fall Esau, der Betrogene, die Initiative ergreift, auf Jakob zugeht und so einen Neuanfang mit seinem Bruder ermöglicht, der seinen Fehler aufrichtig bereut.. Genauso hat Gott durch Jesus eine Brücke zu uns geschlagen, auf der wir uns begegnen können und uns immer die Chance eines Neuanfang gewährt.

Ich denke jetzt auch an die Geschichte aus dem Lukasevangelium, in der der Weinbauer den Baum, der keine Früchte bringt, abhauen will und der Gärtner sagt: Warte noch ein Jahr. Ich will mich um ihn kümmern und düngen.“ - die Chance eines Neuanfangs-
Und aufgrund dieser guten Nachricht von der göttlichen Initiative ist es uns im Grunde genommen auch möglich, in dieser Hinsicht immer wieder neu die Initiative zu ergreifen und ohne Scheu auf den anderen zuzugehen, oder gemäß dem Motto der diesjährigen Fastenaktion: „7 Wochen ohne…“ eben ohne Scheu *„… Bündnisse auszuhandeln, …, eingeschlafene Kontakte aufzuwecken und einander die Freundschaft zu erklären*“ wie es in der Ankündigung heißt. Versöhnung braucht eine Basis, einen guten Grund.

Wenn ich jetzt noch einmal auf die Epistellesung schaue, dann schreibt eben Paulus hier, dass man den Grund der Versöhnung in dem menschgewordenen Gott finden kann. Gott selbst will Versöhnung - nicht nur die Versöhnung zwischen uns Menschen, sondern auch die Versöhnung mit sich selbst. .

Gott gebe uns dazu die Zeit, die Geduld und einen langen Atem.

Und der Friede Gottes, der höher ist, als wir denken können, der sei und bleibe bei Ihnen heute, morgen und immer. Amen

Der Weg durch die Nacht (Josua 1,9)

Liebe Gemeinde,

viele Menschen sind zurzeit unterwegs, nicht zu Hause. Viele sind in den Urlaub gefahren, um sich zu erholen. Auch Sie, liebe Zuhörer/Innen, sind hier auf Grund einer Krankheit notgedrungen unterwegs, herausgerissen aus dem Alltag. Nun, der Predigttext, den ich vorhin vorgelesen habe, ist einem Menschen zugesprochen, der auch unterwegs war.
Josua hatte eine große Aufgabe vor sich. Nach dem Tod des Mose sollte er nun die Israeliten das letzte Stück des Weges führen. Wird er den Weg meistern? Noch war das Ziel nicht erreicht. Noch lag der Weg im Ungewissen.
Auch wir, liebe Gemeinde, wissen oft nicht, wie unser Weg verläuft. Oft müssen wir sehr verschlungene Wege gehen. Manchmal ist es dann sehr schwierig, die Gegenwart Gottes nachzuvollziehen, dieser Zusage „der Herr, dein Gott, ist mit dir in allem, was du tun wirst“, die hier zum Ausdruck kommt - die auch Bonhoeffer hatte und das ja auch uns gilt, zu vertrauen.
Nun ging mir dieses Bibelwort in letzter Zeit sehr durch den Kopf auf einem langen Weg, den ich hinter mir habe. Sie möchte ich heute ein Stück weit an diesem Weg teilhaben lassen, weil mich diese Frage beschäftigt: Was heißt das eigentlich: „Der Herr, dein Gott, ist mit dir in allem, was du tun wirst“?

Ich hatte die Möglichkeit, eine Zeit lang als Seelsorger in einem amerikanischen Krankenhaus in der Nähe von Chicago zu arbeiten. Dabei bin ich mit sehr vielen Menschen, Patienten, Pflegern, Schwestern und Ärzten in völlig unterschiedlichen Lebenssituationen begegnet; Menschen, die unterwegs waren auf unterschiedlichen Wegabschnitten, Menschen auf Durststrecken; Menschen, die Berge vor sich hatten; aber auch Menschen, die einen hoffnungsvollen Weg gingen; Menschen, denen ich als Gefährte im Sinne der Liebe Gottes begegnet bin. Ich erinnere mich noch sehr gut an meine erste Nachtschicht.
Ein junger Mann wird eingeliefert, der schwer verletzt in einem Hotelzimmer aufgefunden worden war. Er stirbt in der Nothilfe. Ich werde angefunkt, um mit den Angehörigen zu reden.
Als ich mich in die Nothilfe aufmache, merke ich, dass es ein Weg des Bangens ist. Mir fällt der Vers des 23. Psalms ein: „ Und ob ich schon wanderte im finsteren Tal, fürchte ich kein Unglück, denn du bist bei mir; dein Stecken und Stab trösten mich.“ Mir wurde klar, es ist

schwierig, diesen Trost im finsteren Tal zu spüren. Ich kann mir vorstellen, liebe Gemeinde, dass der ein oder andere diese Erfahrung kennt; in einem finsteren Tal unterwegs zu sein, und sich zu fragen: „Wo bist du, Gott?“

Als ich dann in die Nothilfe kam, erzählten mir die Angehörigen, dass sie ihren Sohn gestern noch lebend und gesund gesehen hatten. Sie fragten mich: „Wo ist Gott denn? Hat er uns im Stich gelassen?“ Wir gestanden uns unsere Ohnmachtserfahrung ein, und die Angehörigen erzählten. Plötzlich wurde ich wieder angefunkt. Ich konnte den Funk aber nicht identifizieren, da die Batterien des Funkgerätes sehr schwach waren.
Während ich mich ganz schnell auf den Weg durch dunkle Krankenhausgänge machte, um mir neue Batterien zu besorgen, gingen mir sehr viele Gedanken durch den Kopf. Ich dachte mir: „Womit laden wir eigentlich unsere Batterien auf? Wo haben wir unsere Kraftquelle auf den Wegstrecken unseres Lebens? Ist Gott da in den finsteren Tälern unseres Lebens?“
Wo nahm Bonhoeffer damals im KZ im Angesicht des Todes diese Kraft für dieses imponierende Gottvertrauen her, wenn er formuliert: „Ich verstehe deine Wege nicht, aber du weißt einen Weg für mich.“?

Mir fielen einige Gestalten aus der Bibel ein, die auch unterwegs waren:
Da war **Elia** auf der Flucht vor seinen Feinden in der Wüste. Wo er sagt: „Herr, ich kann nicht mehr und ich mag auch nicht mehr.“ Wo ihm dann ein Engel begegnet, der ihn aufrichtet und ermutigt: „Kopf hoch, es geht weiter.“ Und es ging für Elia dann auch weiter.
Mir fiel aber auch **Mose** ein. Er hatte auf dem Weg mit den Israeliten durch die Wüste, auf der langen Durststrecke, eine andere Kraftquelle. Kraft gab ihm die Erinnerung an die positive Rettungserfahrung am Schilfmeer; die Erfahrung, dass Gott bei den Israeliten war, als sie aus der Knechtschaft der Ägypter geflohen waren. Diese gute Erinnerung gab Mose und Josua Kraft und Ermutigung, voller Hoffnung nach vorne zu blicken.
Da gab es aber auch noch **Hiob**, der alles verloren hatte, der mit Gott haderte, der sich von seinen Freunden eigentlich nur wünschte, dass sie ihm zuhörten.
Hier spiegeln sich drei Erfahrungen von Gestalten in der Bibel wieder, neue Lebensenergie zu schöpfen.
Zum einen eben diese ermutigende Gestalt des Engels für Elia; zum anderen eine gute, positive und daher ermutigende Erfahrung in der Vergangenheit für Mose und Josua; und zum dritten der Wunsch nach Freunden, die einem zuhören.

Als ich dann in die Nothilfe zurückkam, war mir klar, dass meine Aufgabe darin bestand, erst einmal zuzuhören, Zeit zu haben, und in diesem Fall der Trauer Raum zu geben.
Denn Gott hat uns Menschen als Schwestern und Brüder einander zugeordnet, dass wir uns gegenseitig als Weggefährten stützen, unter die Arme greifen. Dann ist Gott gegenwärtig. Und ich erinnerte mich auch daran, dass mir auch Menschen begegnet sind, die mir zuhörten, als es mir einmal nicht so gut ging; sozusagen als Geschenk des Himmels. Diese Menschen waren für mich eine positive Gotteserfahrung, eine Erfahrung, die mir Mut machte, die Aufgaben des Lebens neu anzupacken.
Ich habe im übrigen auch die Erfahrung gemacht, dass es in Zeiten der Krise, in Zeiten der dunklen Wegstrecken, der Durststrecken unseres Lebens, eine gute Übung ist, sich einmal zu überlegen: An welcher Stelle meiner Vergangenheit habe ich schon einmal die Erfahrung gemacht, dass es weitergeht? Wann sind mir schon einmal Menschen sozusagen als Geschenk des Himmels begegnet, Engel, die mich aufgerichtet haben?
Solche positiven Erinnerungen können einem auch Kraft geben, das Leben wieder neu anzupacken.

Ich begegnete in dieser Nacht auch noch einem Menschen, der mir diese Tatsache bestätigte: „Bisher sind mir auch immer Kräfte zugewachsen. Dann wird mich Gott jetzt auch nicht im Stich lassen.“ Eine Erfahrung, von der auch Josua geprägt war, so dass er das Versprechen Gottes ernst nehmen konnte: „ Siehe, ich habe dir geboten, dass du getrost und freudig bist. Lass dich nicht grauen und entsetze dich nicht; denn der Herr, dein Gott, ist mit dir in allem, was du tun wirst.“

Als ich dann am Ende dieser Nacht am Morgen die Gemeinschaft meiner Kollegen in der Kapelle antraf und nach dem üblichen Bericht dieses Wort aus Josua 1 vorlas, das fühlte ich mich von dieser Gemeinschaft, von diesem Freundeskreis Christi, getragen.
Dieses Versprechen der Gegenwart Gottes, gerade auch in der Gemeinschaft der Gleichgesinnten, gilt auch für uns. Diese positive Lebensenergie, wurde uns ja nicht nur als schriftliches Wort überliefert, sondern auch im Angebot der Tischgemeinschaft, wo Jesus sich an Brot und an Wein hängt, und uns anbietet: Nehmt meine Hoffnung in euch auf; lasst euch erfüllen von meiner Gegenwart, um euch davon tragen zu lassen auf allen euren Wegen. So sind Sie nun alle dazu eingeladen, von diesem Angebot Gebrauch zu machen.

Ich wünsche Ihnen allen, liebe Gemeinde, dass Sie auf Ihrem Lebensweg, wo immer Sie auch gerade stehen mögen, diese Gegenwart Gottes, diese positive Lebensenergie spüren, gerade auch im Zusammenhalt, in der Gemeinschaft derer, die vom Geist Gottes bestimmt sind; wie es auch in dem Lied heißt, das wir jetzt gemeinsam singen. „Ich glaube, dass die Heiligen im Geist Gemeinschaft haben.“

Und der Friede Gottes, der höher ist, als wir denken können, der sei und bleibe bei Ihnen heute, morgen und immer. Amen

Text gegen die Niedergeschlagenheit (1. Könige 19,3-8)

Liebe Gemeinde,

schon immer machten Menschen die Erfahrung, dass es gut ist, Stunden der Ruhe und der Sammlung im Laufe des Tages im Rhythmus der Woche einzulegen: Verschnaufpausen, Feierabend, Sonntag, Urlaub.
Manche sind auch zu solchen Ruhepausen aufgrund eines plötzlichen Krankenhausaufenthaltes gezwungen.
Wie dem auch sei: Ruhepausen sind die notwendigen Oasen in der Wüstenlandschaft unseres Lebens mit den großen Durststrecken, die so manch einer von uns überwinden muss. Wer sich nicht erholt, erschöpft sich; wer sich nicht sammelt, steht in Gefahr, sich zu verlieren.
Eine alte Erfahrung der Menschen ist auch, dass Sammeln und sich miteinander Versammeln, eng zusammengehört. Und ich hoffe auch, dass dieser Gottesdienst für jeden von Ihnen, die Sie heute hier sind, oder an den Betten über Lautsprecher mit uns verbunden sind, auch zu so einer Oase wird, wo Sie auftanken können und etwas mitnehmen können.
Ich habe diese Woche aber auch Patienten erlebt, die sich Ruhepausen nie gegönnt haben, die sich verausgabt haben, immer für andere da waren, die nun erschöpft sind, vielleicht auch deshalb krank geworden sind oder durch eine Krankheit gebremst wurden und nun sagen: Ich bin am Ende, so kann es nicht weitergehen. Deswegen fiel mir auch dieser Text aus dem 1. Buch der König ein. Dieses Bibelwort entdeckte ich vor einiger Zeit an einer Wand im Krankenhaus. Darüber stand: Text gegen die Niedergeschlagenheit.

Da ist vom Propheten Elija die Rede. Er hat sich im Eifer, vielleicht im Übereifer, für seine Überzeugung, seinen Glauben, eingesetzt und sich bei den Herrschenden Feinde gemacht. Er hatte sich und die anderen nicht geschont. Er hatte sich verausgabt. Nun verfolgt ihn der Hass der Königin Isebel, die ihn vernichten möchte. Und es heisst hier:
"Da fürchtete er sich, machte sich auf und lief fort, sein Leben zu retten."
Mir geht es mit diesem Satz so und manch anderen in der Geschichte, dass sie gar nicht so weit hergeholt sind. In dem mir fremden Gesicht eines fernen Mannes namens Elija erkenne ich eigene Züge. Ich könnte mir vorstellen, dass es manch einem von Ihnen ähnlich geht. Da ist Bedrängnis, Bedrohung und Furcht. Da ist einer auf der Flucht, hat Angst und sein Leben mit der bangen Frage im Hintergrund: Wie geht es weiter? Und da gibt es auch noch den Zeitpunkt, wo einer alles hinter sich lassen muss, auch das Vertrauteste, und allein weitergeht:

auf dem Weg in die Wüste, in die Verbannung, auf dem Weg ins Pflegeheim, an der Tür zum Krankenhaus, vor dem Operationssaal. oder auch von den Kindern, die erwachsen werden. Loslassen, Abschiednehmen, wie schwer ist das.
Auch Elija lässt alles hinter sich: "Als er nach Beerseba in Juda kam, ließ er seine Diener dort, ging allein eine Tagesreise weit in die Wüste, setzte sich unter einen Wacholderbusch, wünschte zu sterben."
Es ist die Stunde der Einsamkeit, seiner völligen Erschöpfung, Resignation. Wie viele Menschen erleben das. "Es ist genug", sagte er. "Ich kann nicht mehr und ich mag nicht mehr." Und dann legte er sich schlafen, um nie mehr aufstehen zu wollen.
Vielleicht denkt der eine oder andere von Ihnen jetzt: Ja, dieses Gefühl kenne ich auch, das am- Boden-zerstört-sein, das Gefühl, ich habe keine Kraft mehr, der Wunsch, einzuschlafen und nicht mehr aufwachen zu wollen, ist mir auch vertraut.
Aber unsere Geschichte geht erstaunlicherweise weiter. Es heißt hier, dass ein Engel zu ihm kommt, ihn berührt und zu ihm sagt: "Steh auf und iss!" Und so, wie es weitergeht, war es keine Fata Morgana.

Von einem Engel ist hier die Rede. Wir haben davon manchmal seltsame Vorstellungen, die es uns nicht leicht machen, die Geschichte weiterzuverfolgen. "Sie sind ein Engel", das haben Sie vielleicht schon einmal zu jemandem gesagt oder sagen wollen. Vielleicht ist es Ihnen auch schon gesagt worden. Im Krankenhaus könnte es ein Arzt oder eine Schwester oder ein Pfleger gewesen sein. Oder ein anderer, z. B. ein guter Freund, Lebensgefährte, der plötzlich einen Lichtblick brachte, eine Ermutigung.
Das gibt es manchmal: Menschen, die uns wie ein Geschenk des Himmels und wie gerufen kommen; oder Dinge, Ereignisse, die uns erlöst und dankbar aufatmen ließen.
Ich hoffe, dass auch Sie diese Erfahrung kennen: Menschen zu begegnen, die einem Auftrieb geben, eine positive Ausstrahlung haben, die sich von einer Hoffnung getragen wissen, die über unseren Verstand hinausgeht, die einem die Erfahrung vermitteln: Es geht weiter.
Genau das meint die Bibel, wenn die von Engeln spricht: Boten Gottes, Boten der frohen Botschaft, Boten der Ermutigung: Es geht weiter. Manchmal sind es ja Kleinigkeiten, die einen wieder aufrichten können, die einem Auftrieb geben; sei es nun das verstehende Wort eines Menschen, das einen erreicht, oder die Hand, die einen berührt, die Nähe und Zuwendung bedeutet, sei es nun, dass Menschen sich im Namen des menschgewordenen Gottes sich zusammenfinden, und in der Gemeinschaft eine Rückenstütze finden, oder auch das Versprechen Gottes aus dem Alten Testament: "Fürchte dich nicht. Ich habe dich erlöst. Ich habe dich bei deinem Namen gerufen. Du bist mein."

Ich hoffe, dass Sie, liebe Gemeinde, auch schon die eine oder andere dieser Erfahrungen gemacht haben. "Steh auf und iss!", so sagte der Engel zu Elija, d. h. "steck den Kopf nicht in den Sand. Kopf hoch." "Steh auf und iss!", und da ist dann wirklich etwas da; das Leben deckt ihm wieder einen Tisch. Ein Hoffnungsschimmer.

Freilich nicht so, dass sich der Tisch biegt und sich ein Schlaraffenland darbietet. Wasser und Brot erhält Elija, das Elementare, Lebensnotwendige; es kann auch Brot und Wein sein; die Elemente, in denen dieser Gott der Ermutigung uns nahe kommt oder die Hoffnung, die wieder da ist, oder das Vertrauen, nicht mehr verlassen zu sein.

Irgendwann steht Elija dann auf und geht: ... "In der Kraft jener Speisen...", wie es hier heißt, bis an den Horeb... den Berg Gottes. Ein neuer Weg. Es ist zwar immer noch Wüste, und es ist ein weiter Weg, aber Elija geht ihn ermutigt und gestärkt, in der Hoffnung, diesen Wüstenweg hinter sich zu bringen.

Ich glaube, dass Gott mit jedem von uns seine Geschichte vorhat, selbst wenn es uns manchmal anders erscheint.

Ich wünsche Ihnen jedenfalls von Herzen, dass Sie bei der Wüstenwanderung Ihres Lebens mit so mancher Durststrecke auch auf solche Engel stoßen und solche Oasen der Stille und des Zu-sich-kommens erleben, an denen Sie auftanken können im Namen des Gottes, der unser Vater sein will, der in Christus einen neuen Anfang geschaffen hat, und der in uns seinen Geist gesetzt hat; einen Geist der Hoffnung, in dem er sagt: "Fürchte dich nicht, ich habe dich erlöst; ich habe dich bei deinem Namen gerufen und du bist mein."

In diesem Sinne lädt er uns auch an seinen Tisch, von seiner Tischgemeinschaft Gebrauch zu machen, wo er uns das "fürchte dich nicht" testamentarisch vermacht hat.

In diesem Sinne möge der Friede Gottes, der höher ist, als wir denken können. bei Ihnen bleiben heute, morgen und immer. Amen

Warum…? (Psalm 22 in .Auswahl)

Psalm 22, i.A.

Mein Gott, mein Gott, warum hast du mich verlassen? Mein Gott, ich rufe bei Tag, doch du gibst keine Antwort; ich rufe bei Nacht und finde doch keine Ruhe….Aber du bist heilig,… Dir haben unsre Väter vertraut, sie haben vertraut, und du hast sie gerettet. Zu dir riefen sie und wurden befreit, dir vertrauten sie und wurden nicht zuschanden. Ich aber bin ein Wurm und kein Mensch, der Leute Spott, vom Volk verachtet. Sei mir nicht fern, denn die Not ist nahe, und niemand ist da, der hilft….. Mein Herz ist in meinem Leib wie Wachs zerflossen. Meine Kehle ist trocken wie eine Scherbe, die Zunge klebt mir am Gaumen,…. Du aber Herr, halte dich nicht fern! Du, meine Stärke, eil mir zu Hilfe! Die den Herren suchen, werden ihn finden und sich freuen. Ihr Herz soll immer und ewig leben... Er allein herrscht über die Völker... Psalm 22 in Auswahl

Liebe Gemeinde!

Dieser Psalm erinnert mich an ein Bild, mit dem ich lange Zeit meine Probleme hatte.
Ich kenne ein Krankenhaus, in dessen Eingangshalle übergroß die Szene dargestellt war, wo Jesus auf dem Weg nach Golgatha unter dem Kreuz zusammenbricht. Darunter standen die Worte: „Denke daran, was er gelitten hat für dich“
Ich habe mich lange Zeit gefragt, wie dieses Bild wohl auf kranke Menschen wirkt, wie dieses Bild einem Menschen helfen kann, der hier im Krankenhaus liegt; der sich vielleicht sogar noch die Frage stellt: „Warum muss gerade ich so leiden?“ Oder wie mag dieses Bild auf einen anderen Menschen wirken, der voller Sorgen und Probleme steckt?
Als ein nahes Familienmitglied dann selbst einmal mit einer lebensgefährlichen Verletzung in jenes Krankenhaus eingeliefert wurde, wurde mir dieses Bild für einen Moment sogar zum Ärgernis. Ich fragte mich: Wo bist du, Gott, der du das zulässt? Plötzlich war ich ganz persönlich getroffen, ganz persönlich berührt. Da fiel mir dieses Wort ein, das wir vorhin gehört haben. „Mein Gott, mein Gott, warum hast du mich verlassen?“ Wie vielen Menschen mag es wohl ähnlich gegangen sein, die die Frage stellen: Wo bist du, Gott?

Dieser 22. Psalm spricht einem, der am Boden zerstört ist, aus dem Herzen. Aber wichtig dabei ist, - und das dürfen wir hier nicht außer Acht lassen – dieser endet sehr zuversichtlich; mit dem Hinweis auf Gottes Hilfe und Sieg.

Dieses Gebet des 22. Psalms betet nun auch der, der am Kreuz hängt. Doch der Atem, die Kräfte des Gekreuzigten reichen nur knapp für den 1. Satz dieses Psalms, den er keuchend ausstößt: „Mein Gott, mein Gott, warum hast du mich verlassen?"

Es ist ein Schrei eines Menschen aus tiefster Not. Dieser entsetzliche Hilfeschrei zeigt, wie sehr Jesus hier mit der Verborgenheit des Vaters zu kämpfen hatte. Es ist der Schrei des Menschen, der sich im Stich gelassen fühlt.

Solche Menschen gab es im Laufe der Jahrhunderte viele und gibt es auch heute noch.

Es ist der Schrei der Mütter, Väter und Kinder der Pakistan, die im Hochwasser um ihr Überleben kämpfen. Es ist der Schrei derer, deren Häuser in Russland nieder gebrannt sind. Es ist der Schrei der vergewaltigten Kinder und Frauen hier bei uns; Es ist der Schrei der Menschen im Irak, in Israel und Palästina; in Afghanistan, der Menschen, die sich nach Frieden sehnen, aber in Angst und Schrecken leben müssen. Es ist der Schrei derer hier bei uns, die vor ungelösten Problemen stehen, denen vor der Zukunft graut und nicht wissen, wie es weitergehen soll.

Damals war es auch mein Schrei. Warum lässt Gott das zu? Wo bist du, Gott? Dann holte mich plötzlich wieder das schlechte Gewissen ein, das zu mir sagte: „Eine solche respektlose Frage darfst du vor Gott nicht stellen."

Je mehr ich mich aber mit diesen Worten aus dem Psalm 22 beschäftigte, wurde mir klar, dass Gott uns auch verbotene Fragen erlaubt. Er erlaubt uns die Haltung eines Kindes, das seinem Vater mündig und frei gegenübersteht, das mit ihm hadert, ihm zu widersprechen und ihn zu befragen wagt. Immerhin war Hiob ja kein frommer Dulder seines Schicksals, sondern einer, der dagegen protestierte.

Die Klage darf ausgesprochen werden, auch Tränen können befreien. Besser jedenfalls, als wenn man so etwas runterschluckt und sich nicht eingesteht. Jemand, der seinen Kummer durch Klagen, durch eine Aussprache, durch Tränen los wird, tut sich leichter, wie jemand, der alles in sich reinfrisst. Meistens tut sich dann auch ein Weg auf, wenn ich meine Gedanken dann auch im Gegenüber ordnen kann.

Übrigens hat auch Jesus sich nicht ohne weiteres mit Gottes Willen abgefunden. Das zeigt mir eben dieses Stoßgebet: „Mein Gott, mein Gott, warum hast du mich verlassen?" Allerdings ist von ihm auch noch das vertrauensvolle Wort überliefert: „Vater, in deine Hände befehle ich

meinen Geist." Und seit Ostern wissen wir ja auch, dass Gott den Gekreuzigten nicht im Tod ließ. Und auch unser Psalm endet vertrauensvoll; wenn es hier heißt (V. 27, 29), Zink: „Die den Herren suchen, werden ihn finden und sich freuen. Ihr Herz soll immer und ewig leben... Er allein herrscht über die Völker..."
Oft aber fällt es schwer, sich zu diesem Vertrauen durchzuringen; gerade vielleicht auch aufgrund negativer Erfahrung, die man gemacht hat.
Dietrich Bonhoeffer beispielsweise aber konnte sich zu diesem Vertrauen durchringen. Er hat so ziemlich genau vor 65 Jahren am Tiefpunkt menschlicher Verlassenheit kurz vor dem Ende des 2. Weltkrieges in der Todeszelle im KZ formuliert: „Von guten Mächten wunderbar geborgen, erwarten wir getrost, was kommen mag. Gott ist mit uns am Abend und am Morgen und ganz gewiss an jedem neuen Tag."

Ein Verzweifelter stößt hier oft an seine Grenzen, an die Grenzen seiner Möglichkeit. An dieser Grenze sammeln sich dann Angst und Sorge an und machen es einem schwer, sich auf das Vertrauen einzulassen, von dem auch der Psalmdichter geprägt ist.
Aber auch hier wird der Theologe und Widerstandskämpfer Dietrich Bonhoeffer für mich zum Beispiel. Er schreibt in seinem Buch: Widerstand und Ergebung, dass ich eben zwischen diesen beiden Polen, zwischen Widerstand und Ergebung mein Leben muss, in der Gewissheit, dass der mich in seiner Hand hält, der sich der Welt in seiner menschlichen Seite in diesem Mann aus Nazareth zugewendet hat.

Gerade daher ist es für mich wichtig zu wissen, dass dieser menschgewordene Gott, bei dem wir alles, was uns beschäftigt, loswerden können, mit seiner grenzenlosen Hingabe alle Grenzen, sogar die größte Grenze, gesprengt hat, die uns am meisten am Angst macht: nämlich die Grenze des Todes. Dadurch kann ich im Grunde genommen sicher sein, dass sich immer wieder eine Perspektive der Hoffnung auftut.

Das Abendmahl (das wir jetzt dann im Anschluss feiern) will so ein sichtbares Zeichen der Liebe und der Nähe Gottes sein, damit uns seine Hoffnung in Fleisch und Blut übergeht; eine Hoffnung, von der man sich tragen lassen kann. Eine Hoffnung, die eine Antriebsfeder für unser Leben im Sinne der hoffnungsvollen Liebe Christi sein will.
Aus dieser Gewissheit heraus hat Dietrich Bonhoeffer auch seine Aufzeichnungen aus der Haft unter das Motto gestellt: Zwischen Widerstand und Ergebung. Von dieser Spannung zwischen Widerstand und Ergebung, dass heißt Vertrauen auf Gott, der uns in Christus menschlich nahe gekommen ist, ist auch dieses Gebet des Psalmdichters geprägt. Einerseits

die Rebellion, das Aussprechen, vielleicht auch das Hinausschreien der Gefühle der Verlassenheit; aber auch das Akzeptieren, das Annehmen dessen, was ich nicht verändern kann. Denn nur was ich akzeptiere, kann ich auch verändern; andererseits das Bewusstsein: „Ich kann mich hier auf den verlassen, bei dem alle Fäden zusammenlaufen, der uns selbst dann noch im Blickfeld hat, wenn wir den Überblick zu verlieren drohen."

Dieses Vertrauen kommt auch noch in einem anderen Gebet Bonhoeffers zum Ausdruck, mit dem ich schließen möchte. Bonhoeffer schreibt:
„Wer bin ich? Sie (die Beamten) sagen mir oft, ich träte aus meiner Zelle heraus, gelassen, heiter und fast wie ein Gutsherr aus seinem Schloss. Sie sagen mir auch, ich trüge die Tage des Unglücks gleichmütig, lächelnd und stolz, wie einer, der Siegen gewohnt ist.
Bin ich das wirklich, was andere von mir sagen? Oder bin ich nur das, was ich selbst von mir weiß? Unruhig, sehnsüchtig, krank, wie ein Vogel im Käfig, ringend nach Lebensatem, als würgte mir einer die Kehle... dürstend nach guten Worten, nach menschlicher Nähe, zitternd vor Zorn über menschliche Willkür... müde und leer zum Beten... matt und bereit, vor allem Abschied zu nehmen? Wer bin ich? Einsames Fragen treibt mit mir Spott. Wer ich auch bin. Du kennst mich. Dein bin ich, o Gott."
Mögen das Vertrauen auf diesen menschenfreundlichen Gott, der für uns in die tiefste Tiefe menschlicher Einsamkeit hinabgestiegen ist, um uns von unten her zu stützen, für uns zu einer hoffnungsvollen Antriebsfeder werden, die uns auch in schweren Stunden und darüber hinaus trägt.

Und der Friede Gottes, der höher ist, als wir denken können, der sei und bleibe bei Ihnen heute, morgen und immer. Amen

„Bäume zum Anlehnen“ (Psalm 1,1-3)

Liebe Gemeinde!

Lassen Sie mich meine heutige Predigt mit einem persönlichen Erlebnis beginnen.

Mit hatte einmal eine Krankenschwester ein Namensschild geschenkt, das sie aus Fimo gefertigt hatte. Darauf war ein Baum zu sehen und mein Name. Bei einem Besuch sagte ein Patient zu mir, als sein Blick auf dieses Schild fiel: " Solche Bäume braucht man, an die man sich anlehnen kann." Da fiel mir ein, dass die Bibel auch an mehreren Stellen von Bäumen redet.

Eine Stelle möchte ich Ihnen nach einer neuen Übersetzung jetzt vorlesen:

„Wie glücklich ist der, der sich nicht verführen lässt von denen, die Gottes Gebote missachten, der sich nicht nach dem Vorbild gewissenloser Menschen richtet und nicht zusammensitzt mit Leuten, denen nichts heilig ist.

Wie glücklich ist der, der Freude findet an den Weisungen des Herrn, der Tag und Nacht in seinem Gesetz liest und darüber nachdenkt. Er gleicht einem Baum, der am Wasser steht; Jahr für Jahr trägt er Frucht, sein Laub bleibt grün und frisch. Ein solcher Mensch hat Erfolg bei allem, was er unternimmt.“

Ja, liebe Gemeinde, ich greife das Bild des Patienten noch einmal auf und sage: Bäume zum Anlehnen braucht jeder. In guten Zeiten, wo wir uns stark fühlen, mag es so sein, dass sich auch mancher an uns anlehnt, so dass der ein oder andere von Ihnen sicher schon einmal zu einem Baum geworden ist, an dem der andere Halt gefunden hat. Der Psalmist vergleicht nun einen Menschen, der mit dem Bewusstsein lebt, dass Gott ihn im Blickfeld hat mit einem solchen Baum. Ich lese jetzt noch einmal eine Übersetzung von Jörg Zink:

Glücklich ist der Mensch, der nicht lebt nach dem Rat und Vorbild der Gottlosen, der die Wege nicht betritt, die ihn in Schuld führen, der sich nicht mit denen gemein macht, die zynisch reden über Gott oder spöttisch über Menschen, die an ihn glauben.

Glücklich, wer Gottes Weisung in sein Herz nimmt und über sie sinnt Tag und Nacht. Der ist wie ein Baum, der an einem Wasserlauf steht, der Kraft hat, Frucht zu tragen, wenn es Zeit ist, und dessen Blätter nie verwelken. Glück und Gelingen liegen über seiner Arbeit.

Mich beeindruckt die harmonische Geschlossenheit und die Ausdruckskraft dieses Bildes. Unwillkürlich denke ich an einen gesunden, jahrhundertealten starken Baum mit einem dicken, knorrigen Stamm, mit festen Wurzeln, die den Baum tief in der Erde verankern, mit weit ausladenden Ästen in saftigem Grün, ein Schattenspender bei großer Hitze, besonders im Orient - da ist der Text ja entstanden - widerstandsfähig gegen Stürme und Orkane.
Ein Mensch, der mit Gott in seinem Leben rechnet, ist ein solcher Baum, fest verwurzelt in dem Bewusstsein, dass Gott uns nahe sein will, dass er in seinem Sohn uns ein Zeichen der Hoffnung gesetzt hat, das über unser Denken hinaus geht., der seine Lebenskraft, Lebensenergie aus diesen Wurzeln schöpft und sie dazu benützt, stärker zu werden, zur Sonne hin zu wachsen und Früchte zu bringen.

Christsein heißt also zum einen verwurzelt sein, einen tragenden Boden haben. Menschen, die wissen, wo sie ihre Wurzeln haben, haben einen Halt und wissen, was sie wollen. Sie sind nicht haltlos, weil sie wissen, woran sie sich halten können. Sie sind demnach widerstandsfähig in den Stürmen und schlechten Zeiten des Lebens, genauso, wie einem fest verwurzelten Baum keine Wetterumstürze oder Orkane etwas anhaben können.

Im ersten und zweiten Vers des Psalm 1 lesen wir, wie der tragende Wurzelboden für uns aussieht: " Glück ist ..., der nichts mit denen gemeinsam hat, die zynisch reden über Gott und spöttisch über Menschen, sondern glücklich ist der, der Gottes Weisung in sein Herz aufnimmt."
Gottes Weisung, wie sie sich u.a. in der schönsten Liebeserklärung im Alten Testament ausdrückt: "Fürchte dich nicht. Ich habe dich erlöst. Ich habe dich bei deinem Namen gerufen. Du bist mein." Auf Grund dieses Vertrauens konnte Dietrich Bonhoeffer auch sagen: " Von guten Mächten wunderbar geborgen, erwarten wir getrost, was kommen mag. Gott ist mit uns am Abend und am Morgen, und ganz gewiss an jedem neuen Tag."

In dunklen Zeiten ist es wichtig, dass wir uns auf diesen Wurzelboden besinnen. Dieses Vertrauen drückt sich auch in einem Gebet von Kurt Wenzel-Backe aus: "Mein Gott, ich sehe dich zwar nicht, auch spüre ich dich nicht, aber ich freue mich, dass du die Adresse meiner Gedanken bist. Wenn ich von dir nichts wüsste, wäre ich allein mit meinen Sorgen." Der menschgewordene Gott will der Grund unseres Lebens sein, hat uns den Boden bereitet, so dass wir Grund genug haben, an dem Leben festzuhalten, so wie er es uns geschenkt hat. Er will uns Lebenssaft geben, zur Sonne hin zu wachsen.

Hiermit bin ich beim zweiten Teil unseres Bildes: Christsein heißt wachsen. Ein Baum wächst durch die Kraft seiner Wurzeln zur Sonne hin und wird größer. Der Stamm des Baumes als die gewachsene Mitte ist hier sehr wichtig. Die Gemeinde, die Gemeinschaft der Gleichgesinnten, will so ein Stamm sein, der sich auch gegenseitig stützt.

Wachsen heißt dann eben auch: Hoffnung haben, nicht mutlos werden, nach vorne schauen, nicht stehen bleiben, sich entwickeln, jeden neuen Tag als Chance geschenkten Lebens zu sehen; vielleicht darf ich auch sagen, als Spielfeld neuer Möglichkeiten, christliche Wertmaßstäbe an dieser Welt zu verwirklichen.

Zu dieser Hoffnung haben wir im wahrsten Sinne des Wortes guten Grund. Das Angebot Gottes steht: " Fürchte dich nicht. Ich habe dich erlöst. Ich habe dich bei deinem Namen gerufen. Du bist mein." Und dieses Angebot wird im Abendmahl noch unterstrichen.

Ich komme zum dritten Teil: " Der ist wie ein Baum", so heißt es hier, der an einem Wasserlauf steht, und der die Kraft hat, Frucht zu tragen. Ein starker, fest verwurzelter Baum in gutem Boden wächst zur Sonne. Das Ergebnis sind lebendige Äste, die sich den Weg nach oben suchen mit dem saftigen Grün der Blätter und den Früchten des jeweiligen Baumes.

Wenn ich das Bild vom Fruchtbringen übertrage, so kann ich sagen, es bedeutet, dass der menschgewordene Gott mit dem, was er gewollt hat, in uns lebendig wird, dass die Hoffnung, die er vermittelt hat, bei uns Fuß fasst, dass wir uns davon getragen wissen dürfen. Dann bekommt auch das einen Sinn, was wir vorhin auch im Philipperbrief gehört haben: "Jeder sei gesinnt, wie Jesus Christus auch war .... Solche Hoffnung kann auch ansteckend oder einladend wirken, genauso wie ein Baum mit weit ausladenden Ästen im Sommer dazu einladen kann, sich in seinem Schatten auszuruhen.

Das Bild vom Fruchtbringen heißt jetzt im übertragenen Sinn dann auch, dass die Liebe Gottes in unserem Herzen Resonanz findet, und dass der Friede Gottes, der höher ist, als wir uns vorstellen können, in uns Raum findet, so dass wir, wie Fr. v. Öttingen sich ausdrückt, fähig sind Gelassenheit aufzubringen, Dinge anzunehmen, die nicht zu ändern sind, Mut zu haben, Dinge zu ändern, die zu ändern sind und die Weisheit, das eine vom anderen zu unterscheiden.

So wünsche ich Ihnen allen von Herzen, dass Sie, um im Bild des Psalmdichters zu sprechen, zu einem solchen starken Baum werden, der weiß, wo seine Wurzeln sind, aus denen er Kraft schöpfen kann, die ihn fähig macht, zur Sonne hin zu wachsen mit den Früchten der Hoffnung, der Liebe und des Vertrauens auf den Gott, der uns in der Nacht vor seiner

Hinrichtung ein Zeichen der Hoffnung aufgerichtet hat, wie es größer nicht hätte sein können, wo er sich an Brot und an Wein mit dem Angebot: "lasst euch erfüllen von meiner Hoffnung, nehmt meine Liebe in euch auf." Oder, um noch einmal in dem Bild des Baumes zu sprechen: Ihr könnt euch eine Scheibe von mir abschneiden. Spürt die Tragfähigkeit einer Gemeinschaft in meinem Sinne.

Und der Friede Gottes, der höher ist, als wir denken können, der sei und bleibe bei Ihnen heute, morgen und immer. Amen

Die Quelle des Lebens (Psalm 36,1)

Liebe Gemeinde!

Wir Menschen haben eine sehr bildhafte Sprache. Manchmal verwenden wir, bewusst oder unbewusst, Bilder und drücken damit ganz viel von uns selbst aus. An einem solchen Bild bin ich gedanklich letzte Woche hängen geblieben.
Da sagte ein Patient zu mir: „Bei mir ist alles in Fluss." Er meinte damit, dass bei ihm alles in Bewegung ist, vielleicht auch im Ungewissen. Dieses Bild vom Fluss ist mir noch sehr nachgegangen. Ich glaube, wir können unser Leben auch mit einem Fluss vergleichen, mit einem fließenden Strom, der seinen Weg durch die Landschaft macht. Jeder befindet sich da im Moment natürlich an einer ganz anderen Stelle.

Für den einen mag es vielleicht gerade ruhig und gleichmäßig dahin fließen in einer schönen Landschaft, wo alles sich im Leben im Einklang und Harmonie befindet. Ein anderer mag vielleicht gerade eine große Durststrecke zu überwinden haben in einem fast ausgetrockneten Flussbett, und sich gerade ausgebrannt und ohne Lebensenergie fühlen; ein dritter mag vielleicht gerade harte Felsbrocken spüren, die ihm im Weg liegen; ein vierter befindet sich vielleicht gerade in einer Stromschnelle, wo er mitgerissen wird von Schicksalsschlägen oder anderen Erlebnissen, und gar nicht weiß, wie ihm geschieht.
Wie dem auch sei: Jeder Fluss wird von einer Quelle gespeist, die eigentlich der Ursprung seiner Energie ist. Mich fasziniert dieses Bild immer aufs Neue.
Smetana hat das sehr schön in einem Musikstück vertont, in dem er die Moldau von der Quelle bis zur Mündung in Musik umsetzt. Diese Musik ist immer durchzogen von einem tragenden Motiv. Ich könnte auch sagen von dem frischen Wasser der Quelle. *(evtl. ein paar Takte der „Moldau" von Smetana einspielen)* - Die Quelle als Ursprung der Energie.
Wer von uns wünscht sich nicht von Zeit zu Zeit so eine erfrischende, lebensspendende Quelle zum Auftanken, in welcher Form auch immer.
So eine Quelle zum Auftanken kann z. B ein Gottesdienst sein oder auch ein gutes Gespräch mit jemandem, der einen versteht, der einen gern hat, der einen begleitet; oder auch ein Bibelwort.
Nun so ein Fluss, der von einer Quelle gespeist wird, wächst ja ständig, wird größer und stärker, kann sich seinen Weg immer besser bahnen. Der Fluss wird zum Strom und hat dann die geballte Macht, über Steine und Hürden hinweg zu fließen, die im Flussbett liegen, was

ein Wassertropfen allein nicht geschafft hätte. Gemeinsam geht's halt doch besser, gemeinsam lassen sich Schwierigkeiten also doch besser meistern.

Ja, liebe Gemeinde, jetzt denken vielleicht doch einige von Ihnen: Ein sehr schönes Bild, wenn das nur so einfach wäre. Aber da gibt es halt doch manchmal harte Felsbrocken und große Steine, die wie ein Berg im Weg liegen. Da ist einer vielleicht durch eine schwere Krankheit getroffen und weiß nicht, wie es weitergeht; ein anderer steht vielleicht vor einer schweren Entscheidung, die ihm wie ein unüberwindliches Hindernis vorkommt. Wieder ein anderer hat vielleicht einen lieben Menschen verloren und hat resigniert, weil er nicht weiß, wie es weitergeht.

Wie dem auch sei: Es liegt sicher auch eine gewisse Gefahr darin, sich von dem Strom, in dem sich diese harten Brocken angesammelt haben, mitreißen zu lassen.

Wenn ich nun an das Psalmwort denke, in dem der Beter sein Gottvertrauen mit den Worten ausdrückt: „Bei dir ist die Quelle des Lebens und in deinem Licht sehen wir das Licht, dann fällt mir das chinesische Sprichwort ein: „Um an die Quelle zu kommen, muss man gegen den Strom schwimmen."

Die christliche Variante dieses Sprichwortes müsste heißen: „Wir sind fähig, gegen den Strom zu schwimmen, um zur Quelle des Lebens zu kommen, weil einer bereits für uns gegen den Strom geschwommen ist."

- gegen den Strom der Resignation und der Ausweglosigkeit im Vertrauen darauf, dass es diese Quelle gibt, von deren Wasser, von deren Energie wir uns getragen wissen dürfen,
- gegen den Strom der Gleichgültigkeit und Gedankenlosigkeit im dem Bewusstsein, dass ja bereits der für uns gegen den Strom geschwommen ist und dafür sein Leben riskiert hat, von dem das Neue Testament sagt: „Wer auf mich vertraut, von dessen Leib werden Ströme lebendigen Wassers fließen."

Durch Christus wird dieses Psalmwort ja noch unterstrichen. Er hat uns auch fähig gemacht, uns dieser Quelle, dieser positiven Lebensenergie bewusst zu sein und davontragen zu lassen. Er ist gegen den Strom der machtbesessenen Gesellschaft und gegen den Strom des gegenseitigen Aufrechnens von Schuld geschwommen, gegen den Strom der Lieblosigkeit. Dafür hat er sich aufs Kreuz legen lassen und sich mit allen Konsequenzen auf diese Liebe festnageln lassen. Er stieg in die tiefste Tiefe menschlicher Einsamkeit hinab, um uns so zur Hoffnungsbasis zu werden. So hat er uns fähig gemacht, uns dieser Quelle, dieser positiven Lebensenergie bewusst zu sein und uns davon tragen zu lassen.

Denn alles, was wir an positiver Lebensenergie, an Liebesfähigkeit, an Hoffnungsfähigkeit in uns haben, ist uns von diesem menschgewordenen Gott zuteil geworden.

.Manchmal wird diese Energie nur durch harte Brocken des Lebens zugeschüttet, aber sie ist vorhanden wie das Wasser eines Flusses, der unweigerlich zum Meer strebt. Dann ist es eben wichtig, nicht müde zu werden, sondern immer wieder neu auf die Suche nach dieser Energie zu gehen, die Gott in uns angelegt hat

Diese Lebensenergie ist es dann auch, die Mut macht, je nach Situation Hilfe anzunehmen oder Hilfe zu geben. Gemeinsam geht ja wirklich vieles besser. Und der menschgewordene Gott ist ja jedes Mal in jedem: in dem, der hilft, und in dem, der Hilfe braucht.

„Bei dir ist die Quelle des Lebens, und in deinem Licht sehen wir das Licht."

Dieses Leben also, das als Quelle den fließenden Strom bestimmt, kennzeichnet auch den Lichtblick der Hoffnung, der in mir steckt, der mir den Horizont weitet. Denn fällt Licht auf meinen Weg, dann sehe ich, wo's lang geht. Dann entdecke ich auch, dass neben mir noch andere auf dem gleichen Weg unterwegs sind. Gemeinsam geht's besser, was für einen allein zu schwer wäre. Genauso, wie ein Fluss, also die Ansammlung viele Wassertropfen, die Steine, die im Weg liegen, leichter überwinden, als ein einzelner Wassertropfen

In der Gemeinschaft der Gleichgesinnten kann dieser Funke der Hoffnung ansteckend wirken, wie es in dem einen Kirchenlied heißt: „Ein Funke, kaum zu sehen, entfacht durch helle Flammen, und die im Dunkel stehen, die führt der Schein zusammen. Wo Gottes helle Liebe in einem Menschen brennt, da wird die Welt vom Licht erhellt, das bleibt nichts, was uns trennt."

Und diese Quelle des Lebens, diese Lebensenergie, dieser Lichtblick der Hoffnung, ist uns ja nicht nur in Worten überliefert, sondern auch im Angebot der Tischgemeinschaft, wo der menschgewordene Gott sich an Brot und Wein hängt und uns anbietet: „Nehmt meine Hoffnung, meine Liebe, meine Gemeinschaft in Euch auf. Lasst Euch davon erfüllen. Lasst Euch davon tragen und tragt sie weiter in die Wirklichkeit dieser Welt."

Liebe Gemeinde, ich wünsche Ihnen allen von Herzen, dass Sie sich in den Höhen und Tiefen, in den Flussniederungen und den Stromschnellen des Lebens von der positiven Lebensenergie des menschgewordenen Gottes getragen wissen, von dem der Beter des 36. Psalms sagt: „Bei dir ist die Quelle des Lebens, und in Deinem Licht sehen wir das Licht."

Und der Friede Gottes, der höher ist, als wir denken können, der sei und bleibe bei Ihnen heute, morgen und immer.

Alles eine Zeitfrage? (Jahreswechsel) Prediger 3,1-14

Liebe Gemeinde

Ich weiß jetzt nicht, was Ihnen durch den Kopf geht, wenn Sie diesen Text hören. Mir geht es so: Grade zu Beginn eines neuen Jahres wird mir wieder neu bewusst, wie schnell die Zeit vergeht. Mir kommt dieses Lied von Reinhard Mey in den Sinn „So töricht, wie die Zeiger de Uhren anzuhalten und zurückzudrehen, so töricht ist es ‚auf den Spuren längst vergangener Tage zu gehen“ Das klingt jetzt sehr banal, ist aber so nicht gemeint.
Ich habe mich in den letzten Tagen sehr intensiv mit dem Umgang mit der Zeit beschäftigt. Zu Weihnachten bekam ich ein kleines Buch mit dem Titel geschenkt: „Alles eine Zeitfrage?“ Darin stand geschrieben: „Die Zeit geht uns auf den Wecker. Sie läuft uns davon und wir hinterher.“
Mich hat dieser Satz sehr zum Nachdenken gebracht; und zwar deswegen, weil die Menschen immer mehr Dinge erfinden, um Zeit zusparen - über schnelle Autos und immer schnellere Computerprogramme bis hin zu Fertiggerichten und Fastfoodrestaurants - und das Widersprüchliche daran ist: wir haben nicht mehr, sondern immer weniger Zeit.
In Zeiten der Krankheit sind wir dann auch noch gezwungen, innezuhalten und uns in einer Warteschleife aufzuhalten wenn ich mich mal so ausdrücken darf.
Ich erlebe Wartezeiten immer als unangenehm. Ich fühle mich machtlos, ausgebremst, zum Nichtstun verurteilt. Ich empfinde sie als tote Zeit
Nun lesen wir hier aber: „Alles hat seine Zeit und jedes Vorhaben unter dem Himmel hat seiner Stunde.“ Heißt für mich auch: Alles hat seinen Sinn.
Mir fällt dazu eine Bildergeschichte ein: Sie erzählt von einem Mann, der sehr viel Zeit hatte. So viel, dass er nichts mehr mit seiner Zeit anzufangen wusste.
Eines Tages hatte er eine Idee, wie er dieser Verlegenheit entgehen könnte. Er lud seine ganze Zeit, die er zur Verfügung hatte, auf einen kleinen Handwagen, fuhr auf den Marktplatz und verkaufte sie zu Schleuderpreisen.
Die Leute kauften sie gerne: Die Freizeit, die glückliche Zeit, die Hochzeit, die lustige Zeit. Aber plötzlich hörten die Leute auf, zu kaufen. Der Mann hatte aber noch Zeit übrig. Zum Schluss wollte er die restliche Zeit verschenken. Aber auch geschenkt nahm sie ihm keiner ab. Als er sich die ihm verbliebene Zeit näher anschaute, wurde ihm klar, warum er darauf sitzen geblieben war: Er war nämlich die dunkle Zeit, die Zeit von Konflikten, der Not, der

Einsamkeit. Kurzum: es blieben ihm nur die schlechten Zeiten. Die wollte keiner haben. Traurig ging er nachhause.

Er hatte erkannt, dass er die gute Zeit wie Schleuderware verprasst hatte, ohne sich bewusst zu machen, dass es auch geschenkte Zeit ist, für die er eigentlich hätte dankbar sein können. und nicht als selbstverständlich nehmen können.

Ich frage mich: Wie gehe ich mit meiner Zeit, die mir geschenkt ist, um? Mein Blick fällt wieder auf den Predigttest:

„Alles hat seine Zeit und jedes Vorhaben unter dem Himmel hat seine Stunde. Weinen und lachen hat seine Zeit, klagen und tanzen, schweigen und reden,

Ich sah die Arbeit, die Gott den Menschen gegeben hat, dass sie sich damit plagen. Er hat die Ewigkeit in ihr Herz gesetzt; nur, dass der Mensch das Werk, das Gott tut, nicht ergründen kann, weder Anfang noch Ende."

Das heißt also: Gott, von dem die Bibel sagte, dass er gestern war, heute ist, und morgen sein wird, mutet uns zu, das Leben zwischen diesen 2 Extremen zu leben.

Aber es ist nicht einfach, in dieser Spannung zwischen minus und plus zu leben. Die guten Zeiten, die Hoch-zeiten sind kein Problem. Aber der Alltag? Die schlechten Zeiten? Das Weinen und Klagen ? Da tue ich mir schwerer.

„Im Annehmen liegt Frieden" lese ich in dem Buch, das mir geschenkt wurde. „Im Annehmen liegt Frieden." Ein ärgerlicher Satz. Ich merke, ich sträube mich dagegen .Wenn das so einfach wäre. Davon wird keiner satt und niemand gesund, kein Unrecht begradigt und keine Gewalttat verhindert.

Oder wie der Verfasser unseres Textes schreibt: „Da merkte ich, dass es nichts besseres gibt, als fröhlich sein und sich gütlich tun in seinem Leben." Zink übersetzt hier: Ich merkte, dass es nichts Besseres gibt, als dass der Mensch fröhlich ist bei seiner Arbeit."

„Im Annehmen liegt Frieden" Ich sträube mich dagegen, und doch übt dieser Satz eine gewisse Faszination aus; heißt er doch: was ich akzeptiere, das kann ich auch verändern."

Mir fällt ein Satz von Dietrich Bonhoeffer ein: Zwischen Widerstand und Ergebung muss das Leben gelebt werden.

Widerstand und Ergebung – das sind die 2 Pole, die Gott, der über allem steht, uns zumutet.

Daher konnte Bonhoeffer auch voller Vertrauen sagen: Von guten Mächten wunderbar geborgen, erwarten wir getrost, was kommen mag. Gott ist mit uns am Abend und am Morgen und ganz gewiss an jedem neuen Tag.".

Daher kann auch der Beter des 31.Ps.beten: Meine Zeit steht in deinen Händen

.

Lb. Patientinnen und Patienten, ich wünsche Ihnen von ganzem Herzen jetzt im neuen Jahr für die schlechten Zeiten Zuversicht, Kraft und Vertrauen in Gott, der für uns Mensch geworden ist, um uns von unten her zu stützen. Und für die guten Zeiten wünsche ich Ihnen die Fähigkeit, diese auch wahrzunehmen und genießen zu können.

Daher schließe ich jetzt auch mit den letzten Versen unseres Predigttextes:

„Dass er aber essen und trinken und sich ein wenig freuen kann bei seiner Mühsal, das ist auch eine Gabe von Gott. Ich merkte, dass alles, was Gott tut, ewig besteht... Denn so hat es Gott geordnet, damit wir in Ehrfurcht vor ihm leben."

Und der Friede Gottes, der höher ist, als wir denken können, der sei und bleibe bei Ihnen heute, morgen und immer . Amen

Sehnsucht nach Hoffung (Jesaja 40,12-25)

Liebe Gemeinde

Da sitzen Menschen im Exil, fern von der Heimat, aus der man sie vertrieben hatte. Und es kommen ihnen die Tränen, wenn sie daran denken, dass ein furchtbarer Krieg Generationen vorher ihre Väter und Mütter vertrieben hatte; aus einem Land, in dem alle glücklich waren. Wie grausam doch so ein Krieg sein kann! "Womit haben wir das verdient?", so schießt es den Leuten durch den Kopf. "Warum lässt Gott das zu? Wo ist er?“ Und sie fangen an, zu verzweifeln an der Macht und Treue Gottes.
„An den Flüssen zu Babylon saßen wir und weinten, als wir an Zion dachten“, so beschreibt ein Psalmist das Leid dieser Leute, die sich auch fragen: Werden wir jemals wieder zurückfinden in die Heimat der Väter, wo wir glücklich waren? Werden wir jemals wieder zurückfinden zu neuer Hoffnung, zu neuem Leben, zu neuem Vertrauen auf Gott?
Mit dem Tempel auf dem Berg Zion hatten die Israeliten damals durch die Vertreibung durch Nebukadnezar ja auch noch zusätzlich das Herzstück ihres Glaubens verloren, zu der Zeit, als dieser Text aus Jesaja 40 entstanden ist. Es schien für die Israeliten fast den Anschein zu haben, dass die heidnischen Götter der Babylonier doch mächtiger sind als der Gott Abrahams, Isaaks und Jakobs.

Liebe Gemeinde; ich stelle mir vor, dass diese Frage „Warum lässt Gott das zu? Wo ist er?“ auch heute von manchen Menschen gestellt wird, die ein schweres Schicksal zu meistern haben, die auch mit Verlorenem kämpfen, sei es dass sie die Gesundheit oder Arbeit verloren haben, oder einen lieben Menschen, oder vielleicht auch - was ja genauso schlimm ist - das Vertrauen in einen nahestehenden Menschen.
Diese Frage könnte man sicher auch stellen, wenn man die Gewaltexzesse in der arabischen Welt beobachtet; wobei Gott sicher kein Lückenbüßer ist für das, was bei den Menschen schief läuft. Der Menschen hat nun einmal die Freiheit, sich zwischen dem Guten und dem Bösen zu entscheiden von Gott schenkt bekommen. Und Joachim Gauck weißt völlig zu Recht daraufhin, dass Freiheit immer auch gekoppelt ist mit Verantwortung, mit verantwortlichem Handeln.
Die Frage nach der Verborgenheit Gottes bleibt trotzdem. Und auch manchen verzweifelten Mensch von heute plagt die Frage, die damals die Israeliten geplagt hat, auch: „Werde ich

jemals wieder zurückfinden zu neuem Vertrauen, oder auch zu neuer Hoffnung?“ Diese Frage kann einen ganz schön zermürben.

Der Verfasser unseres Predigttext, ein namenloser Prophet, möchte mit seinen Worten und in seiner Sprache den Vertriebenen Mut machen, trotz der aus weglos erscheinenden verzweifelten Lage, das Vertrauen auf Gott nicht zu verlieren.
Und so beginnt, in epischer Breite mit verschiedenen Bildern von der Allmacht Gottes zu reden. Er beschreibt hier die unheimliche Größe der von Gott geschaffenen Welt, die weit über unseren Denkhorizont hinausgeht in allen Facetten Er spricht davon, dass Gott sich mit niemandem vergleichen lässt, dass er die ganze Welt in der Hand hat und er drückt eine Hoffnung aus, nämlich dass er die Mächtigen vom Thron. stürzt.
Mit diesen Worten, die fast wie eine eigene Predigt wirken, möchte der Verfasser Glauben wecken, das Vertrauen auf Gott und ins Leben fördern.; dass die Israeliten sich wieder trauen, das Leben so anzunehmen, wie es ihnen geschenkt ist und hoffnungsvoll in die Zukunft zu blicken.
Mit anderen Worten: Mit dieser halben Predigt möchte der Verfasser denen, die da verzweifelt im Exil sitzen, wieder einen neuen Zugang zu der Hoffnungsbasis schaffen, die Gott in uns angelegt hat. Und er erinnert wenig später im Kap.43 an das, was den Menschen schon bekannt war, um das Vertrauen noch zu verstärken.
„Erinnert euch doch,“ - so könnte er wörtlich gesagt haben – „Gott hat unsere Vorfahren damals doch auch nicht im Stich gelassen; damals, als sie in der Sklaverei in Ägypten lebten und dann auf der Flucht waren durch die lebensbedrohende Wüste.
Ich bin felsenfest davon überzeugt, dass Gott uns auch jetzt nicht im Stich lässt. Ich glaube, wir schaffen's, wenn wir den Aufbruch wagen; er hat in uns diese Kraft gesetzt, die uns nicht untergehen lässt; **denn so spricht der Herr: ‚Fürchte dich nicht, ich habe dich erlöst, ich habe dich bei deinem Namen gerufen. Du bist mein.'“**
Mit anderen Worten: Du darfst deine Furcht zurücklassen. Du brauchst sie nicht mehr. Du darfst furchtlos leben. Steh auf, nimm meine Hand und habe wieder Vertrauen!“
Diese Worte sind für ihn ein tragfähiges Glaubensbekenntnis, das sich dann auch für die Israeliten im Exil als tragfähig erwies.
Und plötzlich keimte ja auch bei diesen verzweifelten Leuten wieder Hoffnung auf. Der Mann hatte ja Recht. sie hatten ja positive Erfahrung gemacht. Gott, der die Welt geschaffen hat, hat ihre Vorfahren ja auch nicht im Stich gelassen.
Und diese Erfahrung mit der Errettung der Vorväter am Schilfmeer ermutigte diese Menschen. Diese Erinnerung an Gott als den Schöpfer der Welt, liebe Gemeinde, weckte in

ihnen wieder die positive Lebensenergie. Sie spürten ihre Lebensgeister wieder, die schöpferischen Kraft, die Gott in jedem von uns angelegt hat. So konnten sie durchhalten.
---- Ein tragfähiger Glaube, die Erinnerung an positive Erfahrungen, die dann auch die Hoffnung zum Durchhalten weckt--- das ist hier das Thema
Das Erinnern an positive Erfahrungen, liebe Gemeinde, kann einem ja tatsächlich helfen, wieder den Zugang zu der Hoffnungsbasis zu finden, die Gott in uns angelegt hat. bzw. ihn nicht zu verlieren.

Ich erinnere mich hier an ein Gespräch mit einer schwerkranken Patientin ein, die einmal zu mir sagte: „ Ich weiß eigentlich nicht, warum es mich so schwer getroffen hat, und was das für einen Sinn hat, aber ich habe in meinem Leben schon viel durchgestanden. Ich habe die Erfahrung gemacht, dass es immer einen Ausweg gab. Immer habe ich es auf wunderbare Weise geschafft. So werde ich es auch diesmal schaffen.

Das Erinnern an positive Erfahrungen, kann einem helfen, wieder den Zugang zu finden zu der Hoffnungsbasis zu finden, die Gott in uns angelegt hat. bzw. ihn nicht zu verlieren
-- Gott, der uns durch seine menschliche Seite in Christus als Schwestern bzw. als Brüder zugeordnet hat, dass wir uns gegenseitig helfend zur Seite stehen. Das ist ja auch ein wichtiger Aspekt unsres Glaubens: die Gemeinschaft der Gleichgesinnten.
Ich finde in diesem Zusammenhang die Aussage von Kurt Martin auch so treffend: Christ bin ich geworden und geblieben durch andere Menschen, in deren Freundlichkeit und Worten mir die Menschenfreundlichkeit Gottes begegnet ist. Christ bin ich geworden und geblieben durch Frauen, durch Männer, die mir Mut zu mir selber machten.“

So wünsche ich uns allen im Vertrauen auf diesen menschgewordenen Gott, dass sein Friede, der höher ist als wir denen können, bei uns bleiben möge, heute, morgen, und immer

Amen

„Da können Sie nur noch beten“ (Daniel 9, 18)

Liebe Gemeinde,

ich betrete ein Krankenzimmer. Am Bett des Patienten, den ich besuchen möchte, steht ein Arzt und hängt eine neue Infusionsflasche an. Er bemerkt mich und spricht mich an: „Wir haben alles getan. Jetzt können Sie nur noch beten.“

Wenn ich eine solche Aussage höre, erlebe ich sie manchmal sehr zwiespältig. Es spiegelt sich auf der einen Seite der hoffnungsvolle Wunsch nach Hilfe wieder; der Wunsch, eine Macht, die höher ist, als wir denken können, also Gott, möge unser Schicksal in die Hand nehmen. Auf der anderen Seite spüre ich manchmal in diesem Satz auch den Ausdruck von Ausweglosigkeit, von Sinnlosigkeit, von Misstrauen. Besonders, als ein Arzt bei einer anderen Gelegenheit mal zufügte: „ Da kann man nichts mehr machen. Sie können da nur noch beten. Es hilft zwar wenig, aber vielleicht ist es eine Beruhigung.“ Ich merke, dass sich da mein Widerstand regt.

Im Grunde genommen lehrte uns die Bibel, dass Beten nicht sinnlos ist. „Wir liegen vor dir in unserem Gebet und vertrauen nicht auf unsere Gerechtigkeit, sondern auf deine große Barmherzigkeit.“

Mir fällt der Ausspruch von Dietrich Bonhoeffer, ein: Wo an der Gewalt der Fürbitte bzw. des Gebetes gezweifelt wird, ist Selbstgerechtigkeit, die sich nicht schenken lassen will.

Beten hat also etwas mit Vertrauen zu tun (ähnlich wie bei einer Liebeserklärung), obwohl manchmal auch dieses Vertrauen auf die Feuerprobe gestellt wird. Weil wir ab und zu die schmerzliche Erfahrung machen, dass uns nicht das gegeben wird, um was wir gebetet haben, ob das nun die umfassende Bitte nach dem Frieden in der Welt oder auch die persönliche Bitte um Gesundheit oder Erfolg ist. Das stellt manchmal eine ganz schöne Anfechtung dar.

Und wenn ich an die Todesopfer denke, die durch den Schnee im Straßenverkehr und bei den Aufräumarbeiten zu beklagen sind, oder wenn ich an die brennenden Konflikte in der islamischen Welt denke, dann erscheint Gott als unerreichbar. Viele Leute haben hier das Vertrauen, von dem Verfasser unseres Textes spricht, verloren.

Wobei Vertrauen immer auch etwas zu tun hat mit „sich trauen“, immer wieder neu wagen, den Kontakt aufzunehmen zu Gott als dem Ursprung alles Seins das wiederum bedeutet: Mut zum Leben, so wie Gott es uns geschenkt hat; wie. Er ja der Grund unseres Lebens ist und wir deshalb Grund haben, am Leben festzuhalten, so wie er es uns geschenkt hat.

So ist das Gebet sicher auch mehr als ein Feuermelder, mit dem wir Gott als Feuerwehr nur dann herbeirufen, wenn es brennt. Wenn ich nun auf die Suche nach dem Gottvertrauen gehe, das für den Propheten Daniel untrennbar zum Gebet dazugehört, dann stellt sich die Frage: wie kann ich es wieder finden?

Dieses Gottvertrauen, das ja verbunden ist mit dem Vertrauen in das Leben - was ja gerade auch in der Krise wichtig erscheint, dass ich mich nicht durch das Besetztzeichen irritieren lasse - wenn ich mal das Gebet mit einem Telefongespräch vergleiche -, sondern nicht aufgebe, Gott immer wieder neu anzurufen, und Hilfe zu erbitten.

Ich möchte mich diesem Bibelwort jetzt annähern, indem ich die Erklärung einer Konfirmandin zu Hilfe nehme, was für sie Gebet bedeutet; eine Erklärung, die ich sehr hilfreich und aussagekräftig empfinde.

Die Konfirmandin schrieb auf: Beten bedeutet für mich dreierlei

1. nachdenken: wie es anderen und mir geht, und was wir brauchen;
2. fragen, was Gott will, was geschehen muss, und was wir tun können;
3. bitten, dass es gelingt.

Zum 1: beten heisst nachdenken, wie es anderen und mir geht, und was wir brauchen. Dieses Nachdenken kann dazu führen, dass ich vielleicht auch einen anderen Blickwinkel bekomme; dass ich plötzlich merke: Gesundheit ist eigentlich ein Geschenk unserer Schöpfers an uns und in Grunde genommen keine Selbstverständlichkeit.

Erst diese Woche begegnete ich einem Patienten, der zu mir sagte: „ Für mich sind jetzt andere Werte wichtiger geworden, als Macht, Prestige, Einfluss und Geld, wie sie die Gesellschaft vorschreibt. Mir sind Werte wichtig geworden wie Freundlichkeit, Menschlichkeit, Liebe, Hoffnung. Unvergängliche Werte. Und dazu musste ich erst krank werden."

Dieses Nachdenken kann auch dazu führen, dass ich dankbar empfinde, vielleicht auch als Geschenk Gottes, dass ich festen Boden unter den Füßen habe [keine Angst vor Erdbeben] und ein Dach über dem Kopf, dass ich dankbar empfinde, vielleicht sogar als Geschenk Gottes, dass wir bei aller Kostenexplosion hier in Deutschland eigentlich eine gute medizinische Versorgung haben, die jedoch nicht überall gewährleistet ist; dass wir dankbar empfinden, dass wir genug zu essen haben und nicht zu hungern brauchen. Dann kann beispielsweise auch ein Tischgebet ein Einüben in Dankbarkeit, ein Innehalten in unserem oft so gedankenlosen Konsumdenken bedeuten.

Das kann mir dann auch helfen, verantwortungsvoll mit dem umzugehen, was mit anvertraut ist, und eventuell auch etwas abzugeben, zu teilen.

Dieses Nachdenken kann aber auch dazu führen, dass ich mir eben selbst nichts vormache und es lerne, meine Angst und Unsicherheit, meine Zweifel, manchmal auch meine Verzweiflung,. Meine klagen, meine Sorge und Hilflosigkeit vor Gott ins Gebet zu nehmen und mir überlegen, wes Geistes Kind ich bin - So wie zum Beispiel Knut Wenzel Backe z seine Unsicherheit in die Worte fasste:
„Mein Gott, ich sehe Dich zwar nicht, auch spüre ich Dich nicht, aber ich freue mich, dass Du die Adresse meiner Gedanken bist. Wenn ich von Dir nichts wüsste, wäre ich allein mit mir und all`meinen Sorgen, allein mit meinen Freuden. Du machst meine Seele hell und schenkst mir Hoffnung im Wandel der Zeit für dieses Leben und darüber hinaus. Lass mich nicht versinken in mein eigenes Ich, überlass mich nicht meinen Gedanken, mach mich nicht stumpf, lass mich nicht resignieren. Lass mir Dein Angesicht, leuchten, so werde ich gesund".
Und an einer anderen Stelle formuliert er im Gebet: „Herr Gott, alle meine Fragen überlasse ich Dir und verzichte darauf, sie zu stellen. Ich lasse alle Widersprüche, die mich quälen, ungeklärt. Alle Sorgen um mich überlasse ich Dir, denn Du sorgst für mich bis zum Ende."
Von diesem imponierenden Vertrauen, das hier zum Ausdruck kommt, ist auch der Verfasser unseres Predigttextes geprägt.

Zum zweiten: Beten heißt fragen, was Gott will, was geschehen muss, und was wir tun können. Das ist ein wichtiger Aspekt des Gebetes. Karl Marx hatte unrecht, als er sagte: Christen beten, anstatt ihren Beitrag zur Verbesserung der sozialen Lage zu leisten. Nein: Christen beten, um. ihren Beitrag zur Verbesserung der sozialen Lage leisten zu können.
Nun, das was Gott eigentlich in dieser Welt will, wird uns vermittelt durch diesen Mann von Nazareth. Er ist sozusagen die Verkörperung der Barmherzigkeit Gottes. Er war da für die, die ihn brauchten. Er hatte immer eine offene Tür für die, die bei ihm anklopften. Er hatte immer eine Antenne für die, die sich schwer taten.
Auf diesem Hintergrund bekommt unser Predigttext noch mal ein anderes Gewicht: „Wir vertrauen nicht auf unsere Gerechtigkeit, sondern auf Deine große Barmherzigkeit." Unsere Gerechtigkeit ist nämlich eigentlich eine einseitige Sichtweise, weil der Faktor „Liebe" ausgeklammert ist. Das sieht man schon daran, dass wir von einer „gerechten Strafe", niemals aber von einer „gerechten Liebe" reden. Auf diese Liebe hat sich aber der menschgewordene Gott festnageln lassen.
Dabei sind wir, meine ich, fähig, diese Barmherzigkeit weiterzugeben, es ist die Fähigkeit, dass uns der Menschenbruder, die Menschenschwester nicht gleichgültig ist; auch anders denkende.

Beten heißt fragen, was Gott will, was geschehen muss, und was wir tun können.
Nun wenn ich jetzt dabei an die furchtbaren Gewaltausschreitungen aufgrund der Mohammed-Karikaturen denke, so ist es sicher unerlässlich und sicher auch im Sinne der Barmherzigkeit Gottes, für Gewaltlosigkeit in jeder Beziehung einzutreten.
Ich muss mir aber auch verdeutlichen, dass ich religiöse Gefühle anderen nicht beleidigen darf. Ich selbst möchte ja auch ernst genommen werden mit meinen religiösen Gefühlen. Lassen Sie mich noch hinzufügen: Beleidigung hat nichts mit Barmherzigkeit zu tun und kann zu einer ohnmächtigen Wut führen.
Ich kann mir, wenn ich meine Sorgen und Klagen ins Gebet nehme, um Gottes Willen und in Gottes Namen überlegen, wes Geistes Kind ich bin.: der Geist, der uns treibt, einander in Achtung und Ehre zu begegnen und der Geist, der uns ermutigt, die Aufgaben des Lebens gemeinsam anzupacken im Sinne der Hoffnungsfähigkeit, die in uns eingepflanzt ist.

Ich komme zum Dritten:
Beten beinhaltet neben dem Nachdenken und dem Fragen nach Gottes Willen und unseren Möglichkeiten auch das Bitten um Gelingen. Wenn ich dabei nun an das Vertrauen auf Gott denke, das dazu notwendig ist, muss ich sagen, kann ich hier sehr viel von D. Bonhoeffer lernen. Ich nehme hier wieder seine Worte zu Hilfe, wo er an seinem absoluten Tiefpunkt betet: „Herr Gott, hilf mir beten und meine Gedanken zu sammeln zu dir, ich kann es nicht allein. In mir ist es finster, aber bei dir ist das Licht; ich bin einsam, aber du verlässt mich nicht; ich bin kleinmütig, aber bei dir ist die Hilfe; ich bin unruhig, aber bei dir ist der Friede; in mir ist Bitterkeit, aber bei dir ist Geduld; ich verstehe deine Wege nicht, aber du weißt den Weg für mich. Soweit Bonhoeffer.
Er hatte die Kraft, sich fallen zu lassen, und auf die Barmherzigkeit Gottes zu vertrauen, die auch im Abendmahl zum Ausdruck, das wir nun zusammen feiern.

Ich wünsche Ihnen und uns allen von Herzen dieses Zuversicht, die hier zum Ausdruck kommt, die größer ist, als wir denken können von dem auch der Vf. unseres Predigttextes geprägt ist, und von der er spricht, wenn es hier heißt:
„Wir liegen vor Dir in unserem Gebet und vertrauen nicht auf unsere Gerechtigkeit, sondern auf Deine große Barmherzigkeit.“

Und der Friede Gottes, der höher ist, als wir denken können, der sei und bleibe bei Ihnen heute, morgen und immer. Amen

Mit dem lieben Gott über Kreuz sein (Whn in der Klinik) Micha 7,8

Liebe Mitchristen!

Im Krankenhaus zu sein, weil man krank ist, da gibt es schon genug zu verkraften. Aber wenn man dann noch an Weihnachten hierbleiben muss, dann ist das besonders schmerzlich
Ich kann es nur ahnen, was in Ihnen jetzt vor sich geht. Viele von Ihnen mögen jetzt gar nicht so recht in Stimmung sein, weil Sie vielleicht in Ihren Gedanken zu Hause sind bei Ihrem Ehepartner, bei den Kindern oder bei den Eltern; andere wiederum mögen traurig oder enttäuscht darüber sein, dass es mit der Entlassung nun doch nicht geklappt hat.
Wie dem auch sei, mir geht ein Satz nicht aus dem Kopf, den mir vorige Woche jemand sagte: "Ich bin mit dem lieben Gott über Kreuz Die Schatten sind hier momentan für mich größer als die Lichter. Ich verstehe dieses Leid nicht." Dieser Mensch musste hilflos mit ansehen, wie ein anderer mit 23 Jahren mit dem Tod kämpfte.
Und in der Tat, in einer Zeit, wie der Advents- und Vorweihnachtszeit, in der mehr Beleuchtungskörper als sonst angezündet werden, erscheint der Schatten schwärzer für die, die darin sitzen.

Und deswegen möchte ich Ihnen ein Wort von dem Propheten Micha mitgeben: "So ich im Finstern sitze, ist doch der Herr mein Licht!" Wer im Dunkel unterwegs ist, sehnt sich nach Licht. Andererseits - so habe ich die Erfahrung gemacht-: der, der weiß, was es heißt, im Dunkel zu leben. der kann die Bedeutung des Lichtes richtig ermessen, Der, der weiß, was Einsamkeit, was Hoffnungslosigkeit, was Ausweglosigkeit bedeuten, kann sich auch über kleine Lichtblicke freuen, über einen Besuch, über ein gutes Gespräch, ich meine sogar über ein Weihnachtslied.
Und trotzdem - so stelle ich mir vor - ist es für Sie nicht ganz leicht, sich von diesem Licht der Hoffnung anstecken zu lassen, das von Weihnachten ausgeht. Beim Propheten Micha heißt es: "So ich im Finsteren sitze, ist doch der Herr mein Licht."
Auch die Menschen damals in Bethlehem saßen im Finsteren: einerseits waren da die Verachteten, die, die am Rand der Gesellschaft standen, die Hirten;
und andererseits waren Maria und Josef aus herausgerissen aus ihrer gewohnten Umgebung und hineingestellt in die Finsternis eines abgelegenen Ziegenstalles. Das heißt also: So romantisch diese Weihnachtsgeschichte auch klingen mag: Damals war das alles andere als eine Romanze.

Und doch ließen sich diese Menschen in all' ihrer Dunkelheit anstecken von diesem kleinen unscheinbaren Licht in der Krippe, das doch die ganze Welt veränderte.

Die Hoffnung Gottes ist in diesem Kind von Bethlehem in Fleisch und Blut übergegangen, hat in diesem Kind von Bethlehem. Gestalt angenommen.

Diese Hoffnung und diese Liebesfähigkeit des menschgewordenen Gottes möchte auch uns in Fleisch und Blut übergehen. Dieser menschgewordene Gott möchte auch bei uns mit seinem Licht der Hoffnung ankommen.

Um das deutlich zu machen, zünden wir in diesen Tagen auch mehr Kerzen an als sonst.

Dieser Lichtblick tut sich dann auch da auf,

- wo ein Verzweifelter einen Gesprächspartner findet, der ihn ohne Vorurteile ernst nimmt,
- wo nach einer Meinungsverschiedenheit Fronten aufbrechen und Vergebung und ein Neuanfang möglich sind.

Dieser Lichtblick der Hoffnung tut sich da auf,

- wo ein Trauriger jemanden findet, der ihn tröstet.

Dieser Lichtblick der Hoffnung tut sich da auf,

- wo Leute gemeinsam unterwegs sind, den Weg aus der Finsternis zum Licht zu suchen und sich gegenseitig mit Offenheit und Toleranz begegnen.

Daher tut sich dieser Lichtblick der Hoffnung auch da auf,

- wo sich Menschen im Namen dieses menschgewordenen Gottes versammeln, der sich auf seine Offenheit, auf seine offenen Arme, auf seine Vergebungsbereitschaft mit allen Konsequenzen hat festnageln lassen; damals am Kreuz, das aus demselben Holz geschnitzt war, wie diese Futterkrippe in Bethlehem.

Liebe Mitchristen, ich wünsche Ihnen, dass zumindest ein Lichtstrahl dieser Hoffnung Ihre Finsternis erreichen möge; dass Sie Menschen finden mögen, die sie ernst nehmen, die Ihnen helfen, die für Sie Zeit haben, die Sie ein Stück weit auf Ihrem Weg aus der Finsternis ins Licht begleiten mögen. Damit auch für Sie Weihnachten zu einer Wirklichkeit wird.

Ich schließe mit einem Gebet von Dietrich Bonhoeffer, der vor 60 Jahren in seiner Gefängniszelle auf seine Hinrichtung wartete:

Gott, zu dir rufe ich.

In mir ist es finster, aber bei dir ist das Licht.

Ich bin einsam, aber du verlässt mich nicht.

Ich bin kleinmütig, aber bei dir ist Hilfe.

Ich bin unruhig, aber bei dir ist der Friede.

In mir ist Bitterkeit, aber bei dir ist Geduld.
Ich verstehe deine Wege nicht, aber du weißt einen Weg für mich.

In diesem Sinne wünsche ich Ihnen alle von ganzem Herzen dass der Friede Gottes, der höher ist, als wir denken können, bei Ihnen bleibe heute, morgen und immer Amen.

Salz der Erde und Licht der Welt (Mt. 5, 13 ff)

Liebe Gemeinde!

Dieses Bild, von dem hier die Rede ist, kennen Sie wahrscheinlich schon in- und auswendig. Wenn solche Bilder einem so vertraut sind, ist die Gefahr groß, dass Sie an einem vorbeirauschen. Trotzdem fasziniert mich so eine bildhafte Sprache immer wieder aufs Neue. Wir benutzen sie ja auch bewusst oder unbewusst im Alltag. Und es reizt mich, sie in ihrer Tiefe auszuloten.
Jesus benutzt nun dieses Bild vom Salz, um die damit zu charakterisieren, die zu ihm halten, seine Jünger, seine Anhängerschaft: „Ihr seid das Salz der Erde." – wichtig ist hier: es heißt hier nicht „Ihr sollt Salz der Erde sein, sondern Ihr seid es." Das Bild hat eine große Aussagekraft. Was kann Salz nun eigentlich bewirken? Ich hebe 4 Eigenschaften hervor:

Salz bringt das Eis zum Schmelzen
Uns Christen wird also die Fähigkeit zugesprochen, Eis – jetzt im übertragenen Sinne gemeint – zu brechen, eingefrorene Beziehungen zwischenmenschlicher Art wiederzubeleben, Erstarrtes aufzutauen. Wir sind also dazu fähig immer wieder neu aufeinander zuzugehen
Und trotzdem: ist das manchmal aber auch nicht ganz einfach, wenn z. B. große Eisbrocken im Weg liegen – jetzt im übertragenen Sinn gesprochen – da kann man dann den Mut verlieren. Da stoßen wir an die Grenze unserer Möglichkeiten.

Aber gerade dann ist es für uns wichtig, zu überlegen, wes Geistes Kinder wir sind, dass wir uns nach dem nennen, der für uns alle Grenzen überwunden hat, der für uns das Eis gebrochen hat, der in jeder Hinsicht die Initiative ergriff und einen neuen Anfang setzte.
Er nahm die Beziehung von sich an neu auf. Er kam in diese Welt, um die menschliche Seite Gottes zu verkörpern. Die Bibel lehrt uns, sein Leben war bestimmt von einer Liebe ohne Vorbedingung und von Vergebungsbereitschaft. Er nahm alle an, die zu ihm kamen, ungeachtet der Fehler und Schwächen des Einzelnen. Er hatte und hat für jeden ein Ohr.
Diese gute Nachricht von der göttlichen Initiative bewusst zu machen, von diesem göttlichen Neuanfang, gibt uns Mut, mutet uns zu, immer wieder neu die Beziehung aufzunehmen, einerseits zu Gott, andererseits zu unseren Mitmenschen.

Oder, um im Bild zu bleiben, diese gute Nachricht von der göttlichen Initiative gibt uns den Mut, immer wieder neu das Eis zu brechen und eingefrorene Beziehungen aufzutauen.

Ich komme zu einer zweiten wichtigen Funktion des Salzes. **Salz bewahrt vor Fäulnis**. Die Älteren unter Ihnen wissen es: Früher, als es noch keine Kühlschränke gab, legte man verderbliche Ware, aber auch andere verderbliche Sachen in Salz, um sie länger haltbar zu machen. Salz hat also eine bewahrende Funktion.
Aber wie ist das zu verstehen, wenn uns als Christen die Fähigkeit zugesprochen wird, die Welt – nun wieder im übertragenen Sinn gemeint – vor Fäulnis zu bewahren?
Mit Fäulnis, die manchmal hier bei uns so viel verderben kann, die sich auch manchmal wie eine Mauer zwischen uns und Gott bzw. und unseren Mitmenschen schiebt, die sich auch zerstörend auf die hoffnungsvolle Gemeinschaft von Christen auswirken kann, meine ich ganz weltliche Dinge, wie z. B. der ständige Konkurrenzkampf, das ständige Leistungsdenken, das Vergleichen mit anderen, das uns manchmal ganz schön unter Druck setzen kann, nicht nur im Beruf – damit verbunden die Angst von der Resignation und dem Versagen, die sicher durch die Anonymität einer Großstadt noch verstärkt wird, wenn die Menschen nur nebeneinander daher leben; und nur auf den eignen Vorteil bedacht sind, anstelle sensibel auch die Probleme des anderen wahrnehmen und miteinander die Aufgaben des Lebens bewältige
Da ist der junge Mensch, der sich auf der Suche nach dem Leben und auf der Suche nach der Sicherung seiner Zukunft sich immens hohen Anforderungen und den verschiedensten Umwelteinflüssen ausgesetzt sieht.
Da ist der berufstätige Mensch, der durch den Leistungsdruck, der an ihn gestellt wird, durch Konkurrenzängste und durch die Sorge vor Verlust seines Arbeitsplatzes seine Lebensfreude zu verlieren droht.
Da ist der Mensch, der seine Arbeit verloren hat, und verzweifelt ist, weil er auf Bewerbungen nur Absagen erhält.
Da ist der alte Mensch, der sich abgeschoben und allein gelassen fühlt, weil er den Erwartungen unserer auf Leistung hin orientierten Gesellschaft nicht zu entsprechen scheint.
Zur Fäulnis zähle ich jetzt aber auch die Gleichgültigkeit und die Gedankenlosigkeit im Umgang mit den Gütern dieser Welt, den Raubbau mit der Natur.

Ich meine aber, wir sind fähig, hier als Christen dieser Fäulnis entgegenzuwirken, weil wir wissen, dass wir bei den Anforderungen, die an uns gestellt sind, bei all den kleinen Dunkelheiten, die uns manchmal das Leben schwer machen, nicht alleine sind; dass wir von dem gehalten werden, der uns in Christus gezeigt hat, dass er eine menschliche Seite hat, dass er uns lieb hat und keinen von uns vergisst.

Weil wir wissen, dass der menschgewordene Gott in uns positive Kräfte angelegt, die dieser Fäulnis der Welt entgegenwirken, haben wir uns auch hier versammelt, um uns mit einander dieser positiven Lebensenergie, diese Hoffnungsfähigkeit, die Gott in uns angelegt hat, bewusst zu werden

Und wenn ich mir dessen sicher bin, dann bin ich imstande, Hoffnung zu wecken, wo Verzweiflung quält, ein Licht anzuzünden, wo die Dunkelheit regiert; mich für Gerechtigkeit einzusetzen, wo sich Ungerechtigkeit breitzumachen droht; kurzum, den lebenszerstörenden Kräften dieser Welt Parole zu bieten. Insofern hat das Salz der Erde seine bewahrende Funktion.

3. **Salz hat die Kraft des Würzens**. Wir erinnern uns an unseren Text. Hier heißt es: „Wenn nun das Salz fade ist, womit soll man es zum Salzen bringen? Es wird zu nichts tauglich sein, als dazu, dass man es hinauswirft und durch die Leute zertreten lässt."

Salz ist ein unentbehrliches Gewürz. Die Sorge einer jeden Hausfrau besteht darin, das Essen auch genügend zu salzen; natürlich auch nicht zuviel. Ohne Salz ist alles Gekochte geschmacklos und fade.

Das heißt nun im übertragenen Sinne für uns: Wir sind aufgerufen, Profil zu zeigen, unser Fähnchen nicht nach dem Wind zu richten, immer und überall für den einzustehen, dessen einziger Programmpunkt in seinem Leben die Liebe zu uns Menschen war;

nicht nur dazusein für die Menschen, die wir brauchen, z. B. Freunde, gute Bekannte, sondern auch dazusein für Menschen, die uns brauchen. Mir fällt dazu ein Wort aus dem Buch der Sprüche ein: „Tu‘ Deinen Mund auf für die Schwachen, und für die Sache derer, die verlassen sind."

Für diesen positiven Grundwert der christlichen Nächstenliebe immer und überall einzustehen, kann zugegebenermaßen auch manchmal vielleicht etwas unbequem sein. Vielleicht genauso unbequem, wie damals für den Petrus im Hof des Hohenpriesters während der Gerichtsverhandlung Jesu kurz vor dessen Hinrichtung, die Frage: Bist Du nicht auch einer von denen? Manch einer mag auch den Eindruck haben, dass wir ihm vielleicht die Suppe versalzen, wenn wir rigoros für christliche Grundwerte eintreten. Nur dadurch aber, dass wir uns nicht unbedingt nach der Masse richten, nach den neuesten Trends, wie man so schön sagt, nur dadurch können wir Christen an Profil gewinnen.

Ich komme zur vierten Funktion des Salzes: **Salz hält den Blutkreislauf in Schwung.** Die Spurenelemente des Salzes sind für den menschlichen Körper lebensnotwendig.

Genauso ist auch für uns die gute Nachricht von der göttlichen Initiative, von dem Neuanfang in Christus lebensnotwendig. Dadurch, dass Gott in Christus einen neuen Anfang setzte, zeigte er uns, dass er ein barmherziger Gott ist, der uns annimmt, so wie wir sind: ohne jegliche Vorleistung, im Gegensatz zu der menschlichen Gesellschaft, in der wir leben, in der der Mensch nach dem gemessen, was er leistet, wie er sich verkauft, was er anzieht

Wenn ich weiß, dass ich von Gott so angenommen bin, wie ich bin, mit meinen Fehlern, Zweifeln und Schwächen, mit meinen Ecken und Kanten, mit meinen Sonnen- und Schattenseiten; dann gibt mir das neuen Mut zum Leben wie ein hoffnungsvoller Lichtblick

Damit komme ich zum zweiten Bild:

Ihr seid das Licht der Welt. Es wird hier zu Recht ausgeführt: Man zündet nicht ein Licht an und stülpt ein Gefäß darüber, sondern man setzt es auf einen Leuchter, dann leuchtet es allen, die im Hause sind.

Ist ja auch verständlich, denn das Licht kann sich ja auf einem Leuchter viel besser entfalten, als unter einem Gefäß, wo der Lichtkegel eingesperrt ist. Um die Bedeutung dieses Bildes für uns zu veranschaulichen, nehme ich die Fabel vom Blutegel und der Libelle zu Hilfe.

Sie wissen: Ein Blutegel hat ein relativ eintöniges Leben. Er saugt sich nur vielleicht ab und zu voll Blut. Sonst passiert nichts. So ein Blutegel, so berichtet die Fabel, traf nun in einem Tümpel auf eine Libellenlarve. Der Blutegel klagte: „Mein Leben ist furchtbar eintönig. Wenn ich ein Lebewesen finde, sauge ich mich voll, und ansonsten liege ich nur im Morast herum. Es ist furchtbar, dieses morastige Leben. Aber ich kann nichts ändern.“ Und er fragte die Libellenlarve: „Dir geht es doch sicher genauso.“

Die Larve antwortete: „Du hast recht, momentan geht es mir genauso. Aber ich entwickele mich noch. Und eines Tages wird aus mir eine schöne Libelle. Dann kann ich fliegen, und dann sehe ich die Schönheiten des Lebens.“

„Wenn du dich da mal nicht gehörig getäuscht hast“, erwiderte der Blutegel. „Gegen den Morast der Welt kann man nichts machen.“

Warten wir ab. Und tatsächlich: Eines Tages schlüpfte eine wunderschöne Libelle aus der Larve und sagte zum Blutegel: „Ich fliege jetzt los, und dann berichte ich Dir, was ich alles an Schönheit gesehen habe.“ „Na dann wünsche ich Dir viel Glück.“ Der Blutegel war immer noch skeptisch. „Du wirst sehen, das Leben besteht aus Morast. Du wirst nichts ändern.“ Als dann am Abend die Libelle zurückkam und berichtete, was sie gesehen hatte, da fasste selbst der Blutegel wieder Mut. Sein Leben wurde heller und hoffnungsvoller.

Genau das meint das Wort: Ihr seid das Licht der Welt. Wir sind fähig, die Aufgabe der Libelle zu übernehmen; nämlich sich von der Hoffnung tragen zu lassen, so wie die Libelle sich von ihren Flügeln getragen weiß.
Die Libelle, die das alles tötende Motto: „Da kann man sowieso nichts ändern." außer Kraft gesetzt hat. In diesem Sinne wünsche ich Ihnen diese Libellenfunktion, dass Sie diesen Lichtblick der Hoffnung in sich spüren. und sich davon tragen lassen, und sie weitertragen in eine Welt, in der Hoffnung so oft fehlt.

Auf diese Hoffnung dürfen wir vertrauen aufgrund desjenigen, der sich für diese Hoffnung eingesetzt hat bis zum bitteren Ende; der in jeder Hinsicht die Initiative ergriff und einen neuen Anfang setzte, in dem er in der Nacht, in er verraten wurde, im Abendmahl ein Zeichen der Hoffnung aufrichtete, wie es größer nicht hätte sein können. Er hängt sich an Brot und an Wein und sagt: Nehmt meine Hoffung in euch auf. Lasst euch erfüllen von meiner Gemeinschaft, damit ihr euch getragen wisst von mir in der Wirklichkeit dieser Welt. So dürfen wir eben seine Botschaft mit all unseren 5 Sinnen aufnehmen.

Und der Friede Gottes, der höher ist, als wir denken können, sei und bleibe bei Ihnen heute, morgen und immer. Amen

„Legen Sie Ihre Angst in meine Hand“(Mt. 6, 25 -34)

Liebe Gemeinde!

"Legen Sie Ihre Angst in meine Hand " sagte ein Chirurg vor einigen Wochen zu einer Patientin, die vor einer schweren und risikoreichen Operation stand, Sie machte sich Sorgen um den Ausgang der Operation und teilte das dem Arzt mit. So einfach geht's dann leider doch nicht.
"Sorget Euch nicht!" ich weiß nicht, wie es Ihnen geht, wenn Sie dieses Wort hören. In manchen Situationen ist das leichter gesagt, als getan; besonders dann, wenn einen Sorgen, welcher Art auch immer, umtreiben und nachts nicht schlafen lassen.
Wir können sie nicht verleugnen:
Die Sorge um das Wohlergehen unserer Kinder, die Sorgen um die soziale und wirtschaftliche Zukunft unseres Landes, um die Stabilität des Euro, um die Sicherung unserer Renten, um den Arbeitsplatz, um die friedliche Lösung von Konflikten, um die innere Sicherheit, um den Frieden
Dazu kommt noch, dass tagtäglich sich viele Menschen manchmal durchaus auch durch unnötige Sorge das Leben erschweren. wenn sie z.B. auch sagen: „Ich will niemandem zur Last fallen. Ich mache alles mit mir selber aus.“
Uns wird dann noch eingebleut durch die Massenmedien, dass Vorsorge besser ist als Nachsorge, dass die Sorge um den Fortschritt zur Erhaltung eines gewissen Lebensstandards wichtig ist.

Da kann ich ja nicht einfach abschalten und "Hans im Glück" spielen. Und doch ist an dieser Gestalt etwas Faszinierendes.
Es ist der junge Mann, der sieben Jahre lang hart arbeitet und am Ende mit einem Klumpen Gold als Lohn nach Hause aufbricht. Nicht lange besitzt Hans das Gold. Bald tauscht er es gegen ein Pferd, dies für eine Kuh, die Kuh dann für ein Schwein. Ganz zum Schluss hält Hans zwei Schleifsteine in den Händen, die dann auch noch durch eine ungeschickte Bewegung in die Tiefe des Brunnens fallen. "So glücklich wie ich bin", ruft da Hans aus, "gibt es keinen Menschen unter der Sonne." Und mit leichtem Herzen - so endet das Märchen und frei von aller Last sprang er nun fort, bis er daheim bei seiner Mutter war.

Natürlich ist das übertrieben. Natürlich hätten wir anders reagiert. Aber das Märchen spricht hier von einem "Hans im Glück". Er orientiert sein Leben nicht am Festhaltenwollen und am Besitzen, und plagt sich nicht mit Sorgen, wie er das Erreichte noch besser sichern könnte. Dieser Hans hat sich sozusagen eine innere Unabhängigkeit von materiellen Schätzen bewahrt. Er kann loslassen, er kann abgeben. Er verfügt über die Eigenschaft, mit wenigem und sogar besitzlos glücklich zu sein. Das ist sein Glück. So eilt er frei von aller Last nach Hause.

Diese Gedanken unterstreichen im Grunde genommen genau das, was dieser Abschnitt aus der Bergpredigt aussagt; deswegen komme ich auch auf dieses Beispiel.
Jesus weist uns darauf hin, dass wir uns manchmal mit einigen irdischen Sorgen das Leben ganz schön schwer machen; dass nicht wir manchmal die Sorgen im Griff haben, sondern dass die Sorgen uns im Griff haben.
Es wird ja hier auch die kritische, sicher in gewissem Sinne auch provokative Frage gestellt, ob der Mensch nicht mehr wert ist als Arbeit, Wachstum und Wohlstand? Mehr wert als Essen, Trinken und Kleidung? Sogar die Sorge um die Gesundheit wird relativiert. Wer kann durch Sorgen sein Leben auch nur einen Tag verlängern?
Gott sei Dank ist der Mensch mehr wert. Jesus sagt es mit einfachen Worten: Sorget euch nicht, denn für euch ist gesorgt. Oder, wie es in dem Wochenlied heißt: Gott, der uns sich hat auserwählt, der weiß auch sehr wohl, was uns fehlt.

Es geht im Grunde genommen zunächst einmal um eine Einladung zum **Vertrauen** auf den, der uns im Blickfeld, selbst wenn wir den Überblick zu verlieren drohen. – auch eine Einladung loslassen zu können - zur Gelassenheit; zum Vertrauen auf den, von dem die Bibel sagt, dass er gestern war, heute ist, und morgen sein wird; eine Einladung zum Vertrauen auf den, der uns das Leben geschenkt hat, so wie es ist, auch mit seinen schönen Seiten.
Eine sehr gute Veranschaulichung ist dieses Bild auch von den Vögeln unter dem Himmel und den Lilien auf dem Feld. Sie säen nicht, sie ernten nicht, sie sammeln nicht in die Scheunen. Und unser himmlischer Vater ernährt sie doch.
Ein Bild, das Ruhe, Harmonie, Unbeschwertheit ausstrahlt. Wir vergessen sehr häufig auch, dass die Natur, dass auch die Gesundheit ein sehr wertvolles Geschenk Gottes ist. So ist der Text auch ein Hinweis darauf: Nehmt wahr, was schön ist; *was euch geschenkt wurde.*
Und wenn ich so etwas wahrnehme, dann kann mich das auch aufrichten.
Dazu noch ein Beispiel. Ein Theologe auf einem der früheren Kirchentage sagte einmal:

Es gibt unerhört viele Gnaden, die uns von Gott geschenkt sind, in vielerlei Gestalten: menschliche Begegnungen, gute Gespräche, Erlebnisse in der Natur, Musik, häusliche Geborgenheit, aber auch Lebensenergie, also die Fähigkeit, Dinge anzupacken Und er sagte weiter: Bewusst auch mit diesen Gnaden zu leben, bewusst sich zu überlegen, wo bin ich schon mit diesen Gnaden in Berührung gekommen, wo und mit wem habe ich schon positive Erfahrungen gemacht, das hilft, mit den Dunkelheiten und Sorgen des Lebens besser fertig zu werden. Das hilft dann auch, die Proportionen, die Verhältnismäßigkeiten richtig einzuschätzen, dass vielleicht doch nicht alles so unlösbar bzw. unerträglich schlecht ist, wie es vielleicht im Moment erscheinen mag.

Ich denke beispielsweise an die Patientin, von der ich eingangs erzählte. Sie sagte zu mir: „Im Grund genommen kann ich auch wieder froh und dankbar sein, dass es bei uns diese gute medizinische Versorgung gibt."

„Seht euch die Vögel unter dem Himmel an bzw. die Lilien auf dem Feld bzw. ...Euer himmlischer Vater ernährt sie doch."

D.h.: wir dürfen darauf vertrauen, dass der Gott unsere Geschicke in seiner Hand hält, der uns seine menschliche Seite in diesem Mann aus Nazareth gezeigt hat.

Wir dürfen darauf vertrauen, wie wir auf eine Liebeserklärung vertrauen.

Jetzt könnte ich mir aber vorstellen, liebe Gemeinde, dass einige von Ihnen denken: Deswegen verläuft mein Leben ja auch nicht sorgloser. Und ich muss mich ja nun einmal um gewisse Dinge kümmern oder auch sorgen. Und es gibt ja auch gewisse Dinge zu regeln. Ich muss meine Existenz sichern. Das stimmt natürlich auch. Aber es geht ja hier um etwas anderes neben dem Vertrauen auf Gott.

Es geht um den Stellenwert, den unsere Sorgen in unserem Leben einnehmen. Wir dürfen nämlich einen entscheidenden und wichtigen Satz in unserem Text auf gar keinen Fall übersehen. Da heißt es: "Trachtet zuerst (oder besser gesagt: bemüht euch zuerst) um das **Reich Gottes und seine Gerechtigkeit**, so wird euch das andere, was ihr zum Leben noch nötig habt, dazugegeben werden."

Jesus meint damit die Einstellung zum Leben, die er uns vorgelebt hat. Denn er lebte von der Liebe Gottes zur Welt.

Eine Liebe, die von der Fähigkeit des "Miteinander" bestimmt ist, von der Fähigkeit des "Aufeinanderzugehens", der Fähigkeit, den anderen mit seinen Fehlern und Schwächen, in seinem So-sein zu akzeptieren, weil ich von Gott so angenommen bin, wie ich bin; einer Liebe, die auch von Vergebung, von Neuanfang bestimmt ist.

Wo immer diese Liebe unser Planen und Tun bestimmt, wo Gottes Liebe zur Welt unsere Einstellung zum Leben prägt, bricht ein Stück Reich Gottes an, wird seine Gerechtigkeit sichtbar; eine Gerechtigkeit, bei der der Faktor „Liebe“ nicht ausgeklammert ist, wie bei uns. Wenn Sie unseren Sprachgebrauch anschauen, dann fällt auf, dass wir zwar gewohnt sind, von einer gerechten Strafe, nie aber von einer gerechten Liebe zu reden.

Das Reich Gottes ist von der Gemeinschaft derer bestimmt, die von diesem Geist der Gerechtigkeit geprägt sind, der uns fähig macht, dem anderen nicht gleichgültig gegenüber zu stehen, sondern ihn als ebenbürtigen Menschenbruder, Menschenschwester ernst zu nehmen

Das Reich Gottes ist von der Gemeinschaft derer bestimmt, in der nicht der eiskalte Wind eines Konkurrenzkampfes weht, der auf Kosten des anderen geht, sondern der uns fähig macht, *auch etwas abzugeben, zu teilen.*

In der Gemeinschaft der Christen sind wir uns ja beides schuldig: je nach Situation Hilfe an zu nehmen oder Hilfe zu geben. Und der menschgewordene Gott ist jedes Mal in jedem: in dem, der Hilfe annimmt, der Hilfe braucht, und in dem, der Hilfe gibt.

Das ist also der Mehrwert menschlichen Lebens, den Gott uns durch Christus beigebracht hat: die Liebe und die Wertschätzung die uns entgegengebracht wird und die uns fähig macht, uns Menschen genauso zu begegnen; die Bereitschaft, den anderen in seiner Not nicht sich selbst zu überlassen.

So wird es sich auch wichtig sein, gerade wenn es um die Sorge bezüglich der sozialen und wirtschaftlichen Zukunft unseres Landes geht zu teilen und etwas abzugeben; und die Aufgaben des Lebens miteinander, nicht gegeneinander, nicht auf Kosten des anderen zu lösen.

"Bemüht euch zuerst um das Reich Gottes und um seine Gerechtigkeit, d.h. um die Gemeinschaft, die vom Geist Jesu Christi, seiner Einstellung zum Leben, bestimmt ist, so wird euch das andere, was ihr zum Leben noch nötig habt, dazugegeben werden." So steht es hier. Es geht also um den Stellenwert, den gewisse Sorgen in unserem Leben haben, um die Verhältnismäßigkeit.

Nicht zuletzt erinnert mich der Text auch an den, der sich um uns sorgt, der über allem steht, der immer da ist, um sich unsere Sorgen anzuhören, der uns Kraft geben will zum Leben. Diese Erinnerung kann ich auch **Gebet** nennen.

Im Gebet kann ich mich vertrauensvoll an den wenden, von dem es im Wochenspruch heißt: "Alle Sorgen werft auf ihn, denn er sorgt für euch."

Es hat einmal einer gesagt: Beten heißt, sich mit der Angst und Sorgen der Welt aufmachen und zum Vater gehen..." Freilich kann ein Gebet Sorgen nicht aus der Welt schaffen. Aber ich kann dadurch eine andere Einstellung gewinnen; Ich kann mir eben dadurch bewusst machen: "Ich bin nicht alleine. Da gibt es noch einen, der größer ist als ich; und der mich fähig macht, meinen Mann, meine Frau zu stehen in der Wirklichkeit dieser Welt."
So wie beispielsweise Hedwig von Redern einmal in einem Gebet formuliert: „Weiß ich den Weg auch nicht, du weißt ihn wohl. Das macht die Seele still und friedevoll..."
Diese Botschaft übrigens „Sorgt euch nicht, er sorgt für euch" ist uns ja nicht nur im Wort überliefert, sondern auch im Abendmahl, in dem der menschgewordene Gott uns seinen *Beistand* testamentarisch vermacht macht; wo er in der Nacht vor seiner Hinrichtung ein Zeichen der Hoffnung aufgerichtet hat, wie es größer nicht hätte sein können, wo er sagt: Lasst euch erfüllen von meiner *Gemeinschaft,* nehmt meine Gegenwart in euch auf, damit ihr euch davon getragen wisst in der Wirklichkeit dieser Welt. Mit allen fünf Sinnen dürfen wir diese Botschaft in uns aufnehmen.
Wie eine Liebeserklärung, die durch eine zärtliche Umarmung noch unterstrichen wird.

Liebe Gemeinde, ich wünsche uns allen den Mut zum Vertrauen auf diesen menschgewordenen Gott, die Sensibilität, auch die positiven Dinge in unserem Leben wahrzunehmen, und das Bewusstsein, dass es höhere Werte gibt, als materielle Besitzgüter und die Dinge, denen wir manchmal nachjagen: nämlich die Liebe Gottes, der uns in seinem Sohn menschlich nahe gekommen ist, und uns fähig gemacht hat, in der Gemeinschaft der Christen uns von dieser Liebe und Hoffnung tragen zu lassen. In diesem Sinne sind Sie nun alle eingeladen, vom Angebot der Tischgemeinschaft des Herrn Gebrauch zu machen.

Und der Friede Gottes, der höher ist, als wir denken können, sei und bleibe bei Ihnen heute, morgen und immer. Amen

Eine Einladung zum Aufatmen (Mt. 11,28-30)

Liebe Gemeinde!

Dieses Wort aus dem Matthäus-Evangelium ist eines der schönsten Worte aus dem NT. In der Einheitsübersetzung wird das mit folgenden Worten wiedergegeben: „Kommt her, die Ihr Euch plagt und schwere Lasten zu tragen habt. Ich will Euch Ruhe verschaffen vor Gott."
Es klingt wie eine Einladung zum Aufatmen, wie eine Oase in der Wüstenlandschaft unseres Lebens.
Hinter diesen Worten spricht jemand, der uns herausführen möchte aus dem Teufelskreis von zermürbenden Gedanken, aus der Wüste unserer Enttäuschungen, aus dem Unvermögen unserer schwachen Hoffnung.
Es ist ein Angebot, loszulassen, was einen beschäftigt und dem vertrauensvoll in die Hand zu legen, von dem hier gesagt ist: „Ich bin sanftmütig und von Herzen demütig." Und wenn wir uns zu der Gemeinschaft der Christen zugehörig fühlen, mit anderen Worten. wenn wir zum Freundeskreis desjenigen gehören, der sich gerade den Mühseligen und Beladenen mit allen Konsequenzen verschrieben hat, dann dürfen wir das auch ernst nehmen; diese Einladung, loszulassen, diese Ermutigung zur Gelassenheit, zum Aufatmen. Aber das ist manchmal leichter gesagt als getan. Dieses Loslassen, diese Gelassenheit ist jedoch, weiß Gott, nicht immer einfach.
Der Rucksack meines Lebens, den ich mit mir herumschleppe, lässt sich nicht so ohne weiteres einfach ablegen. Da kann sicher mancher ein Lied davon singen.

Und da heißt es hier nun: „Kommt her zu mir alle, die ihr mühselig und beladen seid. Ich will euch erquicken."
Dieses Wort aus dem 11. Kap. des Mt.-ev. ist wie das Angebot einer offenen Hand, die Verbindung schafft; eine Hand, die Halt bietet, im Gegensatz zu einer geschlossenen Faust – eine offene Hand desjenigen, der sich auf seine offenen Arme, auf seine Offenheit hat festnageln lassen; von dem die Worte überliefert sind. „Wer zu mir kommt, den will ich nicht hinausstoßen..."
Ich komme auf dieses Bild, weil mir gleichzeitig ein Kruzifix in einer Kirche in Münster einfällt. Es zeigt den Gekreuzigten ohne Arme. Diese wurden im Krieg durch einen

Bombensplitter weggerissen. Anstelle der Arme wurde auf den Querbalgen dann die Inschrift angebracht: "Ich habe keine anderen Hände, als die euren."
Jetzt kommt etwas sehr wichtiges hinzu: Eine offene Hand, eine Hand, die Verbindung schafft, ist zugleich auch fähig, etwas zu empfangen, etwas zu bekommen; ist zugleich auch fähig, festgehalten zu werden, gestützt zu werden. Wenn ich offen bin, kann ich auch erwarten, dass andere auf mich offen zugehen.

So verstehe ich dieses Wort aus dem Matthäus-Evangelium als ein Angebot der offenen Hand, die Gott uns entgegenstreckt, die wir ergreifen dürfen; eine offene Hand, die aber auch dazu dient, sich gegenseitig Halt zu bieten. Es ist also beides. "Ich habe keine anderen Hände als die euren“
Dieses Wort aus dem Mt.-ev. ist wie eine ermutigende Liebeserklärung, die man auf sich wirken lassen kann, von der man sich anstecken lassen kann, ohne nach einer verstandesmäßigen Erklärung zu suchen. Eine Liebeserklärung, auf die ich vertrauen kann, und die in der Gemeinschaft der Gleichgesinnten weiterwirkt.
Anders ausgedrückt:
Gott als der Ursprung alles Lebens hat uns in seiner menschlichen Seite in diesem Mann von Nazareth gezeigt, was diese Liebe bedeutet. - Lernt von mir, hießt es hier. Es ist auch von Sanftmütigkeit und Demut die Rede - Und hat in uns seinen Geist gesetzt, der uns eigentlich liebesfähig macht; d.h. fähig, mit dieser Liebe umzugehen, mit diesem Geist der Achtsamkeit, Wertschätzung und der Solidarität untereinander als verbindende Klammer für uns.

"Kommt her alle zu mir, alle mit euren Sorgen, auch mit euren Zweifeln und unfertigen Gedanken. Ich reiche euch meine Hand. Ich will euch Ruhe verschaffen. Ich will euch erquicken. Ich bin für Euch in die tiefste Tiefe menschlicher Einsamkeit bis hin zur Gottverlassenheit gestiegen, um euch von unten her zu stützen, um euch eine Basis zu schaffen, die euch trägt.
Nehmt auf euch mein Joch und lernt von mir; denn ich bin sanftmütig und von Herzen demütig. So werdet ihr Ruhe finden für eure Seelen“, so heißt es dann weiter.

Sicher nicht so, dass einem alle Sorgen und Probleme genommen werden. Aber ich kann eine andere Einstellung dazu finden. Ich weiß, dass ich in ein größeres Ganzes eingebunden bin, und vor Gott und in der Gemeinschaft der Gleichgesinnten nicht allein bin.

Gerade in diesem Zusammenhang muss ich hier auch an einen Ausspruch Dietrich Bonhoeffers denken, der ja ein großes Joch zu tragen hatte. Von sind die Worte überliefert: „Ich glaube, dass Gott uns in jeder Notlage so viel Widerstandskraft geben will, wie wir brauchen. Aber ergibt sie nicht im Voraus, damit wir uns nicht auf uns selbst sonder allein auf ihn verlassen."

Wir dürfen darauf vertrauen, dass der uns seine offene Hand entgegenstreckt, der diese Offenheit auch mit aller Konsequenz gelebt hat; genauso, wie ein Kind, das sich von seinen Eltern geliebt weiß, ihnen vertraut.

Dann wird dieses Aufatmen, dieses zur Ruhe kommen, auch dort spürbar, wo Menschen es wagen, auch zu ihren Sorgen und Zweifeln, zu den Grenzen ihrer Möglichkeiten zu stehen; wo Menschen es wagen, sich in ihrer Unvollkommenheit zu akzeptieren, weil Gott mit seiner menschlichen Seite in Christus uns eben so nimmt, wie wir sind.

Dann wird dieses Aufatmen, dieses zur Ruhe kommen, auch dort spürbar, wo Menschen achtsam mit sich und mit anderen umgehen, sich gegenseitig wertschätzen, sich mit Freundlichkeit und Respekt begegnen, sich nicht überrollen, in dem Bewusstsein, dass wir alle in ein größeres Ganzes eingebunden sind, dass jeder und jede von uns gleich wichtig ist.

Unser Text spricht hier von Sanftmütigkeit und Demut:

„Lernt von mir", heißt es hier in Fortführung des Wochenspruchs;". denn ich bin sanftmütig und von Herzen demütig....So will ich euch Ruhe verschaffen vor Gott.

Dann wird dieses Aufatmen, dieses zur Ruhe kommen, auch dort spürbar, wo ein Mensch erfährt, dass er in seinem Sosein ernst genommen wird, wo er verstanden wird, wo beispielsweise ein Problembeladener ein Gegenüber findet, das Zeit für ihn hat, das ihn ernst nimmt, so wie auch wir von Gott in unserer Eigenart ernst genommen werden; so, wie wir sind.

Und ich meine eigentlich auch, dass dieser Gottesdienst, in dem wir zusammen das Abendmahl feiern. auch zu einem Ort werden kann, an dem man Ruhe finden kann, an dem man aufatmen kann, wo man auftanken kann.

Da ist es vortrefflich, dass es den Sonntag gibt, denn der bietet einem die Möglichkeit, sich einmal Zeit zu nehmen und innezuhalten in unserem hektischen Alltagsleben, und sich zu vergegenwärtigen, dass unsere Lebenszeit eben keine schnelle Rennstrecke zwischen Wiege und Grab ist, sondern auch Platz zum Parken in der Sonne auf Auftanken bietet – eine Chance, die mir von Gott geschenkt ist, die ich ergreifen kann.

„Ich will euch erquicken – ich will euch Ruhe verschaffen.“ - ein Angebot der offenen Hand. In diesem Sinne möge Gott uns allen zu jeder Zeit. die Kraft und die Fähigkeit zu diesem Vertrauen geben, damit wir dieses Angebot der offenen Hand ergreifen können und in Gottes Namen auch weitergeben können.

So wünsche ich Ihnen allen, dass dieser Wochenspruch sie als Ermutigung für Sie in der kommenden Woche begleiten möge. So möge der Friede Gottes, der höher ist, als alle Vernunft; höher, als wir jemals begreifen werden, bei uns bleiben möge, heute, morgen und immer.

Die gute Nachricht von der göttlichen Initiative (Mt. 21, 33-46)

Liebe Gemeinde!

Oft, wenn ich hier im KH Patienten besuche, muss ich an einen Satz denken, den einmal eine schwerkranke Frau zu mir sagte. eine Frau, die sehr unter der Ungewissheit litt, dass die Ursache ihrer Erkrankung noch nicht feststand. Sie sagte nachdenklich zu mir: "Die da draußen wissen ja gar nicht, was sie an ihrer Gesundheit haben." Sie meinte damit die Menschen außerhalb des Krankenhauses. die Ärzte taten sich schwer, das genaue Krankheitsbild zu ermitteln. Dieser Satz wird mir immer wieder bei meinen Besuchen bestätigt.

Oft glauben wir, unsere Gesundheit, unser Leben zu besitzen, wie ein Auto oder wie ein Haus. Es ist für uns ja ganz selbstverständlich, zu leben und zumindest einigermaßen gesund zu sein. Und erst, wenn etwas Außergewöhnliches anfällt, z.B. eine schwere Krankheit oder der Tod eines lieben Menschen, dann plötzlich drängt sich die Frage auf: Warum ist das so?

Aber im Grunde genommen sind wir auch eigentlich nicht Eigentümer unserer Gesundheit, unseres Lebens. Das ist eigentlich etwas, das uns geschenkt wurde, das uns anvertraut wurde. Das Anvertrautbekommen ist aber keine Garantie für Eigentümerrechte. Das wird auch mir immer wieder bewusst.

Daraus folgt ja auch eine ganz andere Art von Verantwortung; denn mit einem anvertrauten Gut gehe ich ja wesentlich behutsamer um, als mit dem, was mir gehört. Verantwortung heißt ja auch, ich muss jemandem Rechenschaft ablegen für das, wofür ich Verantwortung übernommen habe. Ich möchte die Fragestellung noch etwas ausdehnen und von einer Schöpfungsverantwortung sprechen, die uns alle betrifft. Auf diesem Hintergrund betrachte ich noch einmal den Predigttext.

Die Pächter wollten sich den Weinberg, der an sie nur verpachtet war, unter den Nagel reißen. Sie misshandeln die Knechte und bringen sogar den Erben um. Dabei wollten sich die Knechte ja nur nach dem Ertrag des Weinbergs erkundigen, und auch der Sohn wollte sich nur nach dem Ertrag des Weinbergs erkundigen. Sie wurden um die Ecke gebracht, weil die Pächter sich den Rechenschaftsbericht ersparen wollten. Die Pächter wollten sich der Verantwortung entziehen und erklärten deshalb diesen gepachteten Weinberg als ihr Eigentum.

Wenn ich jetzt wieder auf die gegenwärtige Situation zu sprechen komme und den vorhin gebrauchten Begriff der Schöpfungsverantwortung neu aufnehme, so stellt sich für uns zwangsläufig die Frage: Wie gehe ich mit meinem mir anvertrauten Leben um? Wie gehe ich mit dem Leben um, das um mich herum ist? Mit der Umwelt, der Natur, meinen Mitmenschen? Bin ich mir bewusst, dass sich daraus eine Verantwortung ganz besonderer Art ergibt?

Manchmal habe ich das Gefühl, dass die Menschen den Besitzer dieses anvertrauten Gutes, nämlich Gott, vertrieben haben; genauso, wie in dem Gleichnis von den bösen Weingärtnern. Es ist ja auch viel einfacher, sein eigener Herr zu sein, und alles ganz im Griff zu haben. Dann fühlen wir uns sicher.

Eine wesentliche Aussage des Gleichnisses ist aber, dass wir anvertrautes Gut, das nicht unser Eigentum ist, verantwortungsvoll zu verwalten haben.

Aber noch ein Zweites fällt auf: Nachdem die geschickten Knechte erfolglos abgewiesen worden waren, lässt der Weinbergbesitzer nicht etwa ein Donnerwetter über seine Pächter los, wie jetzt zu erwarten wäre. Nein, sondern er ergreift erneut von sich aus die Initiative. Er reagiert also nicht auf das Vorgefallene, sondern setzt einen neuen Anfang. Er schickt seinen eigenen Sohn, der dann sogar getötet wird. Jesus schließt dann das Gleichnis mit den Worten: Der Stein, den die Bauleute verworfen haben ist zum Eckstein geworden. Man müsste eigentlich besser sagen: zum Abschlussstein geworden.

Wenn ich Abschlussstein sage, denke ich dabei an einen Torbogen. Bei einem Torbogen hält der Abschlussstein, der letzte Stein in der Mitte ganz oben, ja alles zusammen. Ohne diesen Stein würde der Torbogen zusammenfallen. Und gerade von diesem Stein wird gesagt, dass Ihn die Bauleute weggeworfen haben.

Im Klartext heißt das: (denken Sie an die Stelle im Johannesevangelium) „Er kam in sein Eigentum und die Seinen nahmen ihn nicht auf." Der menschgewordene Gott wurde abgelehnt. Wird er eigentlich heute auch noch abgelehnt? In Bezug auf den Predigttext sage ich: Wir lehnen ihn da ab, wo wir Gerechtigkeit anstatt Liebe üben, wo wir Gerechtigkeit ohne Liebe üben.

Ein Beispiel: Denken an einen Konflikt. Es sei jetzt dahin gestellt, ob zwischenmenschlicher oder politischer Art; das ist jetzt unwichtig. Bei einem Konflikt jedenfalls verhärten sich deshalb die Fronten, weil jeder sagt: Ich bin im Recht, und nach dem Gerechtigkeitsprinzip muss mein Gegenüber zugeben, dass er im Unrecht ist.

In diesem Zusammenhang sei auch erwähnt, dass dann so häufig von der gerechten Strafe gesprochen wird. Meines Erachtens ist es bezeichnend, dass niemals von einer gerechten

Liebe, sondern immer nur von einer gerechten Strafe gesprochen wird. Bei Gerechtigkeit ist häufig der Faktor Liebe ausgeklammert und damit auch die Initiative eines neuen Anfangs unmöglich gemacht.

Wenn ich nun das Evangelium aber umschreibe als die gute Nachricht von der göttlichen Initiative, dann wird deutlich, was ich sagen will. Der Weinbergbesitzer hat von sich aus neu die Initiative ergriffen; er reagierte nicht gerecht auf die Misshandlung seiner Knechte, sondern schickte seinen Sohn. Gott hat von sich aus neu die Initiative ergriffen und in sein Eigentum, in unser Leben, in seine Schöpfung, seinen Sohn geschickt.

Das bedeutet für mich zum einen:

Auch ich bin fähig, immer wieder neu die Initiative zu ergreifen und über meinen Schatten zu springen, - dass ich mich aber auch nicht von den Schattenseiten der Resignation verschlucken lasse, sondern sehe, dass uns die Zuversicht geschenkt wurde, den Weg zu finden, wie er in Gottes Namen weitergeht.

Zum anderen:

Wir sind nicht alleine gelassen sind. Wir haben in dem Schlussstein, nämlich in der menschlichen Seite Gottes, eine Stütze, dadurch, dass Gott in Christus einen neuen Anfang gesetzt hat, dadurch, dass Gott von sich aus die Initiative ergriffen hat. Diese gute Nachricht von der göttlichen Initiative befähigt uns und macht uns Mut, mit den uns anvertrauten Gütern verantwortlich umzugehen.

Denn alles das, was wir an Verantwortung füreinander in uns haben, an Liebe, an Vergebung, ist uns ja von dem gegeben, der sich für uns aufs Kreuz hat legen lassen, um den finsteren Mächten der Resignation Paroli zu bieten, und um in uns einen Lichtblick der Hoffnung anzuzünden, worauf wir uns verlassen können.

Im Vertrauen darauf wünsche ich Ihnen allen, dass der Friede Gottes, der höher ist, als wir denken können, bei Ihnen bleibe heute, morgen und immer.

Amen.

Das Leiden an der Sprachlosigkeit (Lukas 11, 14-17,20,23)

Liebe Gemeinde!

Vor einiger Zeit hatte ich einen Menschen zu beerdigen, der lange an einer unheilbaren Krankheit gelitten hatte. Er wusste schon lange davon, aber er hatte nie mit seinen Angehörigen darüber gesprochen. Erst kurz vor seinem Tod bestellte er seine Familie ins Krankenhaus, um ihnen zu sagen, es wäre jetzt soweit. Er hätte alles geregelt und wolle mit seiner Familie jetzt über seine Beerdigung sprechen. Die Angehörigen sagten dann später: „Hätte er zu uns doch bloß schon früher ein Sterbenswörtchen gesagt. Dann hätten wir gemeinsam dieses schwere Schicksal ertragen."

Es gibt Dinge in unserem Leben, die uns die Sprache verschlagen; Dinge, die einem die Kehle zu schnüren. Sie können persönlicher Natur sein, wie z. B. unerklärliches Leid und in gewisser Weise damit verbunden auch Einsamkeit in diesem Leid – wenn ich das Gefühl habe: ich muss da jetzt alleine durch -, oder aber auch größere Ausmaße annehmen wie beispielsweise die Friedlosigkeit und die sozialen Brennpunkte an vielen Orten der Welt.

Es fehlen mir die Worte, wenn ich morgens die Zeitung lese und merke, wie viel Grausamkeit und Brutalität auf der Erde herrscht. Es verschlägt mir auch oft die Sprache, wenn ich sehe, wie viel Leid und Elend es auch bei uns gibt, wie viele Menschen Probleme haben, die sie zermürben, weil sie niemanden haben, an den sie sich wenden können. Jeder von uns hat sicher schon Situationen erlebt, wo er keine Worte mehr fand, wo er sprachlos war. Es hat einmal einer gesagt: Zu den Krankheiten unserer Tage zählt auch das Leiden an der Sprachlosigkeit.

Ja, auch unsere Zeit hat noch seine Dämonen, die einen in den Bann schlagen und einen hilflos, wir könnten auch sagen, sprachlos machen können. Kann ganz unterschiedlich aussehen.

In unserer Geschichte wird berichtet, dass Jesus einen Dämon austreibt, der stumm war. Die Sache spitzt sich zu, als Jesus sagt – und das ist zugleich einer erster Höhepunkt unserer Geschichte – „Wenn ich nun durch Gottes Kraft die bösen Geister austreibe, dann ist ja das Reich Gottes zu Euch gekommen."

Aber was bedeutet nun dieser merkwürdige Satz? Ist das Reich Gottes denn jetzt schon da? Wenn ja, wo ist es dann zu finden? Anders gefragt: Verstehen wir die Vaterunser-Bitte „Dein Reich komme" als eine Vertröstung auf ein besseres Jenseits, oder steckt mehr dahinter?

Ich erinnere mich auch an eine andere Stelle im Lukasevangelium, wo es heißt: „Das Reich Gottes kommt nicht mit erkennbaren Zeichen, sondern es ist inwendig in Euch." Aber was heißt das?

Jesus wusste sich gesandt, Stumme zum Reden zu bringen; das geht auch noch aus anderen Stellen hervor. Er selbst wird im Johannesevangelium ja auch als das Wort bezeichnet, das Fleisch wurde und unter uns wohnte. In unserem Text nun reißt er den Stummen aus seiner dämonisch bewirkten Stummheit heraus und vergegenwärtigt damit das Reich Gottes.

Mit anderen Worten: Wo Menschen miteinander sprechen lernen und im Geist Jesu miteinander umgehen, miteinander reden, sich ernst nehmen, ein Stück weit begleiten, da ereignet sich das Reich Gottes.

Da ist z. B. ein Mann, der mit seiner todkranken Frau im Glauben akzeptiert hat, dass sie sterben muss. Er kann seine Frau nun zumindest bis zum letzten Atemzug begleiten in ihrer Angst und in ihrer Einsamkeit, und beide können gemeinsam über ihre Trauer sprechen.

Da sind Menschen, die sich in einer Krise befinden, die sich zusammenfinden, um sich gegenseitig zu helfen, und die plötzlich entdecken, dass es ihnen gelingt, auch über ihre Sorgen, ihre Schwächen und ihre beruflichen Ängste zu sprechen.

Da passiert es aber auch immer wieder, dass Menschen den Mut haben, nach einem Streit über ihre Schatten zu springen, über ihre Fehler zu sprechen und so ein Stück Frieden im kleinen Kreis zu verwirklichen. In solchen Fällen ist ansatzweise vom Anbruch des Reiches Gottes zu spüren; nämlich dort, wo die Barriere der Sprachlosigkeit überwunden wird und Leute im Sinn des menschgewordenen Gottes sich gegenseitig ernst nehmen.

Mit Christus – darauf weist unser Text hin – hat das Reich Gottes seinen Anfang genommen. Es ist im Entstehen. Es ist also in Ansätzen schon vorhanden. „Es ist inwendig in euch" (so heißt es an der anderen Stelle im Lukasevangelium). Nun könnten Sie, liebe Gemeinde, natürlich entgegenhalten: schön und gut, aber das Böse in der Welt ist ja da; das Unberechenbare in unserem Leben hat doch nicht aufgehört zu existieren. Wo ist dann das Reich Gottes bei uns spürbar? Wo ist es inwendig in uns? Das sind Gedanken, die sich nicht verdrängen lassen. Ich möchte es einmal so ausdrücken: Wir leben in einem Spannungsfeld zwischen Gut und Böse. Und uns Christen wird zugemutet, oder anders ausgedrückt, wird Mut gemacht, in diesem Spannungsfeld zu bestehen, weil Christus als die menschliche Seite Gottes bereits als Sieger in diesem Spannungsfeld hervorgegangen ist. Das dürfen wir glauben, darauf dürfen wir vertrauen. Weil er Licht in das Dunkel gebracht hat, ist es uns möglich, uns auch auf die Lichtblicke in unserem Leben zu besinnen.

Damit eng verkoppelt ist auch der zweite Höhepunkt in unserer Geschichte. Wir finden ihn im letzten Vers. Dort heißt es: Wer nicht für mich ist, der ist gegen mich. Wer nicht mit mir sammelt, der zerstreut. Ein Satz, der im ersten Moment erschreckend hart klingt.. Dieser Satz ist aber eher als eine Einladung Gottes an uns zu verstehen, so nach dem Motto: Gehe mit mir durch dieses Spannungsfeld zwischen Gut und Böse. Versuche, so zu leben, wie ich gelebt habe. Lass dein Leben bestimmt sein von dem Lichtblick der Hoffnung, dass Gott in seiner menschlichen Seite in Christus dieses Spannungsfeld schon überwunden hat und von der Liebe, die den andern auch mit im Blickfeld hat, die dem andern vergibt und ihn annimmt in seiner Andersartigkeit und begegne so den Dämonen unserer Zeit, die uns manchmal so die Sprache verschlagen.

Traditionell ausgedrückt: Wir sind zur Nachfolge aufgerufen. Dadurch werden wir zu fähigen Mitarbeitern am Bau des Reich Gottes, das in Ansätzen schon bei uns da ist, und hier und dort, wie in dem Beispiel erwähnt, zum Durchbruch kommen kann.

- eben dort, so ein Verzweifelter wieder einen Lichtblick in seinem Leben entdeckt, wo er Ansprache findet und merkt: Es geht weiter
- eben dort, wo nicht nur von Frieden geredet wird, sondern wo er praktiziert wird

- eben dort, wo Menschen merken, dass sie in dem Spannungsfeld zwischen Gut und Böse, zwischen Hin- und Hergerissensein, nicht alleine gelassen sind
- eben dort, wo wir merken, wir können über unsere Sorgen reden, es ist einer da, der uns ernst nimmt
- eben dort, wo es Leidende, Trauernde und Sterbende merken, dass sie nicht alleine sind, sondern dass sie von einer Hoffnung gehalten werden, die größer ist, als wir denken können
- eben dort, wo wir als die Mitarbeiter am Reich Gottes Trauernden, Leidenden und Sterbenden in ihrer Sprachlosigkeit zur Sprache verhelfen und so erfahrbar machen, dass der Tod nicht das letzte Wort hat.

Dann ist auch die Vaterunser-Bitte „Dein Reich komme“ keine Vertröstung auf ein besseres Jenseits mehr, sondern eher die Bitte: Mache uns bewusst, dass Dein Reich im Entstehen ist.
Ich komme zurück zu dem eingangs erwähnten Beispiel des Krebskranken, der mit seiner Familie nicht über seine Krankheit sprechen konnte. Die Angehörigen erlebten den Tod dieses Mannes als Erlösung für ihn und sagten später:
„Aufgrund dieser Erfahrung mit unserem Vater hoffen wir, dass es uns in Zukunft gelingt, miteinander offener als zuvor im Gespräch zu bleiben und der lähmenden Sprachlosigkeit entgegenzuwirken.“
Ich meine, in dieser Familie ist ein Stück vom Anbruch des Reiches Gottes Wirklichkeit geworden.
Und der Friede Gottes, der höher ist, als wir denken können, sei und bleibe bei Ihnen heute, morgen und immer. Amen

Die Frage nach der Zukunft (Lukas 17,20 – 21)

Liebe Gemeinde!

Seit Anbeginn der Welt beschäftigt die Menschheit die Frage nach der Zukunft: „Was wird uns die Zukunft bringen?" Diese Ungewissheit veranlasste Leute zu allen Zeiten zu Spekulationen über ein mögliches Weltende.
Und aus diesen Gründen durchzieht das Alte und Neue Testament fast wie ein roter Faden immer wieder die Sehnsucht des biblischen Menschen, Gott möge dem Leid und dem Schrecken in der Welt ein Ende bereiten und seiner Herrschaft sein Recht aufrichten.
Auch viele Menschen heute beschäftigt diese Frage jeden von uns. Angefangen mit der Frage nach der notwendigen Ankurbelung der Wirtschaft und der damit verbundenen Schaffung von neuen Arbeitsplätzen und der Sicherung der Renten über die Diskussion, wie wir unser Verhältnis zu unseren jüdischen Mitbrüdern und Mitschwestern gestalten und der Frage nach der inneren Sicherheit und des Friedens - um nur ein Beispiel zu nennen – bis hin zu Überlegungen ganz persönlicher Zukunft, die jeden von uns bewegen.

- Werde ich die Ziele, die ich mir gesteckt habe, erreichen?
- Wie entwickeln sich meine Kinder?
- Werde ich einen guten Kontakt zu ihnen halten können?

Solche oder ähnliche Fragen mögen Ihnen von Zeit zu Zeit durch den Kopf gehen.

In vielen Gesprächen beobachte ich dabei, dass die Frage nach dem „Wie geht's wohl weiter?" begleitet wird von einer Spannung; einerseits von dem Wunsch, die Zukunft mitgestalten zu wollen oder zumindest die eigene Zukunft in den Griff zu bekommen, soweit das möglich ist; andererseits von einer gewissen Ohnmachtserfahrung „Wir können ja sowieso nichts ändern. Wir stehen dem Schicksal der Entwicklung scheinbar machtlos gegenüber." Ich denke hier z.B. an die Verheerenden Waldbrände in Kalifornien.... Ich spüre beispielsweise Ohnmacht angesichts dieses teuflischen Konfliktes zw. Palästina und Israel Hier erhält diese Ohnmachtserfahrung noch mal eine besondere Brisanz.

Auf dem Hintergrund dieses Spannungsfeldes ist auch hier die Frage der Pharisäer zu verstehen. Sie warteten darauf, dass Gott unter seiner Herrschaft das Reich Israel ohne römischen Einfluss wiederherstellt, als ein Reich der Gerechtigkeit und des Friedens auf alle Völker. Nur der Zeitpunkt war noch offen. Und so warteten sie auf sichtbare Zeichen, an denen sie die hereinbrechende Endzeit ablesen konnte.
So nach dem Motto: „Dann haben wir die Sache im Griff, und wir können die anderen zurechtweisen." Auch wir würden uns wesentlich leichter tun, wenn wir ein sicheres Zeichen der Macht Gottes hätten.

Jesus aber macht einen Strich durch diese Rechnung. Er entlarvt den fehlerhaften Grundansatz dieser Anschauung, in dem er hier sagt: „Das Reich Gottes ist mitten unter euch" oder, wie es in einer anderen Übersetzung heißt: „...inwendig in euch".
Anders ausgedrückt sagt Jesus: „Mit euren Berechnungen werdet ihr das Reich Gottes niemals in den Griff bekommen. So, wie ihr euch die Herrschaft Gottes vorstellt, wird sie niemals kommen. in mir selbst nimmt Gottes Herrschaft seinen Anfang und ergreift innerlich Besitz von den Menschen, die sich auf mich einlassen, die sich mir öffnen.
Darum ist es sinnlos, nach Zeichen eines nahen Endes zu suchen. Wer nicht in seinem Herzen spürt, dass er allem Lebensschicksal zum Trotz Gott gehört, wer nicht in seinem Herzen spürt, dass Gott in ihm eine Flamme der Hoffnung, der Liebe und der Verantwortung füreinander angezündet hat, der sucht völlig vergeblich nach äußeren Zeichen und Verhaltensweisen, um sich auf das Reich Gottes einzustellen. Ihr könnt es also nicht sehen, wenn ihr euren Blick in die Zukunft richtet, so sehr ihr euch auch anstrengt. Das Reich Gottes ist mitten unter euch."

Damit will Jesus sagen, dass mit seiner Person, mit seinen Taten, mit dem, was er sagte und lebte, dieses Reich schon begonnen hat; vage begonnen hat, wie ein kleines Pflänzchen der Hoffnung, inmitten der Wüste der hoffnungslosen Existenz. Und dieses Reich, dieses Pflänzchen der Hoffnung, strebt danach, größer zu werden, strebt nach seiner Vollendung.

Diese angefangene Herrschaft Gottes, dieses Reich der Geschwisterlichkeit, der Gerechtigkeit, der Hoffnung und der Liebe, möchte auch in unseren Gemeinden heute hier für uns Gestalt gewinnen,

- obwohl vieles heute gar nicht nach diesem vorhandenen Reich aussieht,
- obwohl vieles auf dieser Welt dagegen zu sprechen scheint, dass dieses Reich überhaupt existiert,
- obwohl heute vieles in Politik und Kirche gesagt und getan wird, was nach allem anderen
  aussieht, nur nicht nach dem Reich Gottes.

Und so mancher wird sich die Frage nicht verkneifen können: Wo sind denn diese Ansatzpunkte des Reich Gottes heute hier bei uns zu spüren, das Hoffnung für die Zukunft verspricht, und das in der Zukunft seine Vollendung findet? Das ist eine ernstzunehmende Frage.

Mir fällt dazu eine Redensart ein: „Große Ereignisse werfen ihre Schatten voraus." In unserem Kontext würde das heißen: Die Welt steht noch unter dem Schatten des Kreuzes Christi, unter dem Schatten der Lieblosigkeit der Menschen, gegen die aber Gott mit letzter Konsequenz die Liebe gesetzt hat, durch sein uns zugewandte Seite in Christus.

Diese Liebe bzw. die Ansätze des Reich Gottes kommen da zum Ausdruck, leuchtet da blitzartig auf

- wo ich Menschen begegne, die von dieser Hoffnung auf Zukunft geprägt sind, wo sie sich getragen wissen von dieser Hoffnung,
- wo Menschen einander nicht gleichgültig sind, sondern versuchen, aufeinander zuzugehen; miteinander, nicht hinter dem Rücken des anderen, nicht auf Kosten eines anderen, nicht gegen einen anderen, sondern versuchen, miteinander die Aufgaben des Lebens anzupacken.
- Wo Menschen eintreten für die Bewahrung der Schöpfung, für eine saubere Umwelt,
- wo Menschen sich einsetzen für die Einhaltung der Menschenrechte und die Menschenwürde,

- wo der Mensch erfährt, ich werde akzeptiert, so wie ich bin, mit all' meinen Zweifeln und Unsicherheiten, in meiner Unvollkommenheit, in meiner Andersartigkeit, auch evtl. mit meinem anderen kulturellen Hintergrund;
- wo Menschen es fertig bringen, ihre Machtposition kritisch zu hinterfragen und einzutreten für eine friedliche Lösung von Konflikten
- sicher auch dort, wo Menschen ihre Ängste und Sorgen ins Gebet nehmen und auf den vertrauen, von dem die Bibel sagt: „ Ich bin der Erste, der Letzte und der Lebendige"
- wo Menschen sich von der Hoffnung getragen, die –wie die Bibel sagt- mehr ist als wir denken können, und diese Hoffnung weitertragen und davon leben.

Und das gibt es ja, Gott sei Dank, auch noch, neben allen Katastrophenmeldungen. Hier werden die Ansätze des Reiches Gottes sichtbar

Das meinte ich damit, wenn ich sagte: „Die Welt steht unter dem Schatten des Kreuzes, der Lieblosigkeit/Gleichgültigkeit der Welt, gegen die aber Gott mit letzter Konsequenz die Liebe gesetzt hat, durch seine uns zugewandte Seite in Christus. Daher dürfen wir damit rechnen, dass dieser Schatten des Leidens und des Schreckens von Ostern her unterbrochen ist; genauso, wie wir damit rechnen dürfen, dass die Sonne durch ihre Kraft es immer wieder schafft, die dicken Wolkendecken und Nebelbänke dieser Novembertage zu durchbrechen.

Der Lichtblick von Ostern ist als Funke der Hoffnung und als Funke der Liebe in uns angezündet und wartet darauf, sich zur hellen Flamme entwickeln zu dürfen.

Das ist gemeint mit den Worten: Das Reich Gottes ist inwendig in euch, nimmt dort seinen Anfang, wie es in dem einen modernen Kirchenlied heißt: „Ein Funke, kaum zu sehen, entfacht doch helle Flammen, und die im Dunklen stehen, die ruft der Schein zusammen. Wo Gotte große Liebe in einem Menschen brennt, da wird die Welt vom Licht erhellt, da bleibt nichts, was uns trennt."

Vielleicht müssen wir uns nur manchmal bücken oder gebückt werden, um in der Wüste des Lebens das kleine Pflänzchen der Hoffnung, das unten am Boden zur Entfaltung drängt, zu sehen und wahrzunehmen.
Mir fällt dazu ein modernes Kirchenlied ein, das dieses Pflänzchen der Hoffnung in der Wüstenlandschaft des Lebens (Bild) beschreibt. Da heißt es: Wo ein Mensch Vertrauen gibt, nicht nur an sich selber denkt, fällt ein Tropfen von dem Regen, der aus Wüsten Gärten macht. Wo ein Mensch den anderen sieht, nicht nur sich und seine Welt, fällt ein Tropfen von dem Regen, der aus Wüsten Gärten macht.

Damit wird ein neuer Weg der Hoffnung vorgezeichnet, der in Christus seinen Anfang genommen hat. Wir sind also durchaus fähige Mitarbeiter am Bau des Reiches Gottes, das im Entstehen ist, deren Vollendung aber noch im Nebel liegt und unberechenbar ist. Das sollten wir bedenken, wenn wir angesichts unserer heutigen Situation die Frage nach der Zukunft stellen, nach dem „Wie mag das wohl weitergehen?“

Ich meine, wir können gewiss sein, dass wir keiner blinden Schicksalsmacht gegenüberstehen. Und wenn wir Sonntag für Sonntag im Vater unser die Bitte aussprechen „Dein Reich komme“, so könnten wir das mit den Worten umschreiben: Mache uns bewusst, dass dein Reich im Entstehen ist. Stärke unser Vertrauen darauf, dass du uns zu durchaus fähigen Mitarbeitern am Bau dieses Reiches gemacht hast; zu Mitarbeitern, die sich einerseits von der Hoffnung getragen wissen dürfen, dass sie nicht alleine sind, dass der Gott der Liebe sie trägt; die andererseits aufgerufen sind, Mitverantwortung zu tragen an der Erhaltung des Friedens, an der Erhaltung der Schöpfung.

In diesem Sinne möge der Friede Gottes, der höher ist, als wir denken können, bei Ihnen bleiben heute, morgen und immer. Amen

Kopf hoch (Lukas 21,28)

Liebe Gemeinde!

Ein hoffnungsvolles Wort. Aber mir gehen gerade auch bei diesem Wort die Menschen durch den Kopf, die geknickt und bedrückt sind; die, die aus welchen Gründen auch immer, in einer Krise sind. Für diese Menschen mag draußen das schönste Wetter sein; und trotzdem ist es in ihnen finster.
Ich denke im Moment an einen jungen Mann von 22 Jahren, der an Krebs erkrankt ist. Momentan ist die Krankheit gestoppt, aber er lebt in Angst vor einem erneuten Aufflackern. Er bekommt oft zu hören: „Lass den Kopf nicht hängen! Kopf hoch! Es geht schon irgendwie weiter!" Und das ist natürlich ein sehr schwacher Trost, zugegeben; gerade, wenn einer tief drinnen steckt. Und doch lässt mich dieser Gedanke: „Kopf hoch" nicht mehr los.
Wir haben ja eine sehr bildhafte Sprache. Der Religionswissenschaftler Otto Betz hat einmal gesagt: „Wer den Kopf ‚hängen' lässt, ist offensichtlich mutlos und resigniert. Es reizt ihn nicht mehr, zuversichtlich in die Welt und zu anderen Menschen hinzuschauen."
Wenn ich den Kopf nicht hängen lassen soll, nach vorne schaue, sehe ich wesentlich mehr, als wenn ich gebückt gehe und in den Boden schaue. Ich sehe den Weg, wo`s lang geht, mein Horizont wird erweitert. „Steht auf und erhebt Eure Häupter, richtet Euch auf und fasst neuen Mut, weil sich Eure Erlösung naht."
Ich nehme an dieser Stelle eine kurze Beispielgeschichte eines unbekannten Autors zu Hilfe, die mich in Bezug auf unseren Bibeltext sehr zum Nachdenken gebracht hat.

In alten Chroniken wird von einem Land berichtet, in welchem die Sitte verlangte, dass alle Menschen nur mit nach vorne hängenden Köpfen umhergingen. Durch Gesetz und Tradition war jenen Leuten aufs Strengste verboten, jemals nur einen Blick zum Himmel zu tun.

Vermutlich war die Sitte durch einen Gewaltherrscher eingeführt worden, der sich so erhaben über seine Untertanen fühlte, dass er ihnen verbot, je die Augen zu seinem Thron oder zu seiner Person zu erheben.
Sogar von seiner Familie verlangte er diese Unterwürfigkeit. Sein Tod ereilte ihn so plötzlich, dass er nicht einmal seinem ältesten Sohn über die Willkür dieses Verbotes aufklären konnte. So erstieg der neue Herrscher selbst mit gesenkten Augen die Thronstufen und wachte noch eifersüchtiger auf die Befolgung der geheiligten Vorschrift.
Die Priester und Beamten jenes Reiches verbreiteten die angeblich wissenschaftlich bewiesene Lehre, dass jeder, der den Blick zum Himmel erhob, augenblicklich tot umfallen würde. Die Strahlen von oben galten als todbringend und gelegentliche Blitzschläge wurden dahin gedeutet, dass irgendein Aufsässiger gerade aufwärts geschaut habe. Die Wissenschaftler jenes Reiches waren sich darin einig, dass der Himmel gelb sei.
Die fanatischsten Anhänger jener Lehre verbrachten ihr Leben auf dem Bauch kriechend, und bald war die Gesellschaft jenes Landes so organisiert, dass die Menschen, welche am tiefsten gebeugt durchs Leben schlichen, die einflussreichsten Machstellungen eingeräumt erhielten. Die Niedrigsten waren also das geworden, was man in unserem Sprachgebrauch als die Höchsten bezeichnet.
In den Wiegen lagen die Kinder auf dem Bauch, und auch begraben wurden die Menschen nur mit dem Antlitz in den Staub gesenkt. Da man keine andere Lebensweise kannte, empfand man nicht, dass man in Angst und Bedrücktheit dahinvegetierte.

Eines Morgens gingen ein Jüngling und ein Mädchen über eine Wiese. Die Blumen zu ihren Füßen erfreuten sie, und das Mädchen bedauerte, dass die blaue Farbe, welche ihnen am glückhaftesten erschien, so selten anzutreffen war. Obgleich sie vorschriftsmäßig mit tief gesenkten Häuptern dahin schlichen, hatten sie wohl nicht recht aufgepasst. Jedenfalls stolperten sie und fielen ins Gras.
Zunächst verbargen sie ihre Gesichter an der Erde. Dann wollte das Mädchen doch die Züge des Freundes sehen und wandte den Kopf. Sie starrte an dem Gesicht ihres

Geliebten vorbei in den Himmel. „Du, der Himmel ist blau!“ rief sie in tiefster Verwirrung und Überraschung.

Nachdem der Jüngling sein erstes Entsetzen über die Lästerung überwunden hatte, wagte er, selbst aufzublicken. Überwältigt von der Seligkeit der Entdeckung, sprang er auf und lief der Stadt zu. „Der Himmel ist blau“, schrie er immerfort und wies mit gestrecktem Arm aufwärts, „schaut doch nur, der Himmel ist blau!“ Aber die ihm Begegnenden duckten sich und ver- steckten sich, um nicht von dem unvermeidlichen Blitzschlag mitgetroffen zu werden.

In der Mitte des Marktplatzes stand der junge Mann, Augen und Arme zum Himmel gerichtet, als ihn schließlich die Miliz umstellte und gefangen nahm. Natürlich musste der Junge für seine Lästerung hingerichtet werden. Gefesselt wurde er an die Tempelmauer gestellt, und die Scharfschützen luden ihre Waffen. Durch das glückliche Lächeln des Verurteilten in Verwirrung gebracht - der Verbrecher lächelte zum Himmel empor - kam einer der Schützen doch auf den Gedanken, nachzuprüfen, ob der Jüngling so Unrecht hatte. Unter dem Vorwand, seine Waffe zu untersuchen, warf er einen verstohlenen Blick nach oben.

Er stieß seinen Nebenmann an: „Der Kerl hat recht, der Himmel ist wirklich blau!“ „Antreten, richtet Euch!“, rief der Offizier. „Blau, und uns passiert nichts!“ „Nichts kann uns passieren.“

„Feuer!“, schrie der Offizier, aber seine Soldaten starrten nach oben und vergaßen, den Lästerer zu erschießen.

Als kein Blitzschlag auf die Meuterer niederprasselte, schauten auch einige von den Zuschauern nach oben, und bald war der Marktplatz von Leuten erfüllt, die aufgerichteten Hauptes die Welt ins Auge fassten, so, wie sie wirklich war. Der dunkle Spuk hatte seine Macht verloren. Noch jahrhundertelang stand auf dem Marktplatz ein Denkmal, welches ein junges Paar mit begeistert erhobenem Blick darstellte.

Drei Dinge sind hier wichtig:

1. Es fällt auf, dass die Wende in der Geschichte, der Blick nach oben, erst durch ein Stolpern verursacht wird. Die beiden müssen erst einmal auf die Nase fallen, um ihre

Blickrichtung zu ändern. Das heißt also, gerade auch in einer Krise, die einem ausweglos erscheint, kann sich ein neuer Blickwinkel auftun.

Ich erinnere mich an eine Patientin, die, von chronischen Schmerzen geplagt, arbeitsunfähig war, die sehr mit ihrem Schicksal haderte. Sie zeigte mir eines Tages ein Gebet, das sie geschenkt bekommen hatte, und sagte, dass das für sie sehr wichtig geworden wäre. In dem Gebet hieß es: „Herr, bewahre uns vor der Erwartung, es müsste im Leben alles glatt gehen. Schenke mir die Erkenntnis, dass Schwierigkeiten, Niederlagen, Misserfolge und sogenannte Rückschläge eine hilfreiche Zugabe zum Leben sind, durch die wir wachsen und reifen." Die Patientin, immer für andere da, sagte: „Ich habe durch meine Krankheit gelernt, nur auf mich zu achten und mir etwas Gutes zu tun."

2. In der Geschichte fällt auf, dass das Mädchen zum Jüngling sagt: „Der Himmel ist blau." Der junge Mann selbst nun schaut zum Himmel auf, muss selbständig Initiative ergreifen und stellt diese Schönheit der Natur fest, die ihn begeistert, die ihm Initiative, Hoffnung und Auftrieb gibt.

Im Lukasevangelium heißt es: Erhebt eure Häupter, fasst neuen Mut! An uns liegt es, die Aufforderung ernst zu nehmen; wie es in dem einen Sprichwort heißt: Es ist besser, ein Licht anzuzünden, als über Dunkelheit zu klagen. Wir sind fähig, uns vom Lichtblick der Hoffnung anstecken zu lassen. Und wenn ich den Kopf oben behalte, dann kann ich auch in die Augen des Nächsten schauen, der eventuell auch meine Hilfe braucht oder vielleicht mir auch Auftrieb geben kann. Und Christus steckt jedes Mal in jedem, der hilft, und in dem, der Hilfe braucht. Daher hat der menschgewordene Gott seinen Kopf hingehalten, um uns loszulösen von Resignation, um uns zu ermutigen, hoffnungsvoll die Aufgaben des Lebens anzupacken, in der stützenden und tragenden Gemeinschaft der Gleichgesinnten.

3. In der Geschichte wird deutlich, dass die Begeisterung des jungen Mannes ansteckend wirkt, auf andere übergeht und schließlich dem ganzen Leben in diesem Land eine positive Wende gibt.

In einer Gemeinschaft der Gleichgesinnten ist das leichter, was für einen allein , der Probleme hat, manchmal zu schwer ist, nämlich neuen Mut zu fassen, den Kopf nicht hängen zu lassen, angesichts der Hoffnung, die der menschgewordene Gott in uns gesetzt hat.
Es kann ja sein, dass jemand in einem Loch steckt und blind geworden ist für jede Hoffnung. Dem kann der menschgewordene Gott immer noch so anwesend sein, dass der andere den Kopf oben behält und dem anderen unter die Arme greift. Hoffnung und Freude kann ansteckend wirken. Wir sprechen ja auch von einer gewissen Ausstrahlung, die ein Mensch hat.

„Seht auf und erhebt Eure Häupter (neue Übersetzung: fasst neuen Mut) darum, dass sich Eure Erlösung naht“ so heißt es im Lukasevangelium.
Ich wünsche Ihnen allen, dass Sie sich von diesem, hoffnungsvollen Lichtblick tragen lassen können.

Und der Friede Gottes, der höher ist, als wir denken können, sei und bleibe bei Ihnen heute, morgen und immer.
Amen

„Das Schlimmste ist für mich das Warten“ (Advent) Römer 8,25

Liebe Gemeinde !

Jetzt hat wieder die Adventszeit begonnen, und für viele stellt sich ein Gefühl der Hektik ein. Dabei soll die Adventszeit eigentlich eine stille Zeit sein. Eine Zeit, in der ich auch zum nachdenken komme, über das, was die Kerzen am Adventszeit, von denen heute eine brennt, eigentlich bedeutet.
Ich möchte die Zeit nützen, um mit ihnen über dieses Wort von Paulus. nachzudenken.
„Wenn wir aber auf etwas warten, was wir nicht sehen, so warten wir darauf mit Geduld.“

Eine Patientin sagte einmal zu mir: „Das Schlimmste im Krankenhaus ist eigentlich das Warten. Das kann so an den Nerven zehren.“
Stimmt, ich konnte die Patientin richtig gut verstehen. Warten bedeutet, dass manchmal der Geduldsfaden bis zum Zerreißen gespannt ist; ob das nun das Warten auf einen Untersuchungsbefund ist, das Warten auf einen Operation oder das Warten auf einen Besuch. Manche Schwerstkranke warten auch darauf, dass sie endlich erlöst werden, und von Gott heimgeholt werden.
Ganz anders das Warten der Gesunden, von denen sehr viele in den Kaufhäusern in der Schlange vor der Kasse warten. Beim Warten stellt sich das Gefühl der Abhängigkeit ein, dass einem die Hände gebunden sind, man fühlt ausgeliefert und ohnmächtig. Das kann manchmal dann auch nervenaufreibend sein. Manchmal stellt sich auch das Gefühl einer unnützen Zeitvergeudung ein.

Es gibt aber auch die Möglichkeit, Wartezeiten auch nutzen, um zur Ruhe zu kommen, und vielleicht auch zum Nachdenken.
Nun warten wir ja in dieser Adventszeit, die jetzt mit dem neuen Kirchenjahr angebrochen ist eigentlich auch. Wenn ich mir nun ins Bewusstsein rufe, dass das Wort „Advent“ ja eigentlich „Ankunft“ heißt, dann kann ich jetzt auch sagen:

Wir warten darauf, dass der menschgewordene Gott in unseren Herzen ankommt,

- als ein Lichtblick der Hoffnung, der größer ist als wir denken können, der uns durchdringt, und immer mehr wird; genauso, wie die Lichter am Adventszeit immer mehr, und schließlich im Lichterbaum in 4 Wochen seinen Höhepunkt findet – einen Lichtblick der Hoffnung, der uns als Kompass den Weg weißt, wie es weitergeht.

Wir warten darauf, dass der menschgewordene Gott in unseren Herzen ankommt

- als Lebensatem, der einen durch dringt und einem trägt

die Atemtherapie spricht ja z.B. davon, dass man beim Warten auch auf seinen Atem achten könne. wie er kommt und geht. In Analogie dazu können wir jetzt auch auf unseren Lebensatem achten.

Wir warten darauf, dass der menschgewordene Gott in unseren Herzen ankommt,

- als ein positiver Grundwert der Liebe, der uns bewusst macht, dass wir so angenommen sind, wie wir sind, der uns fähig macht, auf andere zuzugehen, der positive Grundwert der Liebe, der uns innerlich bewegt; eine Bewegung, die von Gott ausgeht, uns Menschen meint, und durch uns auf andere weiterwirkt.

Wir warten darauf, dass der menschgewordene Gott in unseren Herzen ankommt,

- als Glauben, im Sinne von Vertrauen auf Gott, und daraus folgend auch Vertrauen in das Leben; dass ich mich traue, mich auf das Leben einzulassen, so wie Gott es mir geschenkt hat. Das kann einem dann auch Gelassenheit geben.

Dieses Vertrauen ist für Paulus damals zu einer Antriebsfeder geworden. was Anlass für ihn, sich zu trauen, sich auf sein Leben eben so einzulassen, wie Gott es ihm eben geschenkt hat.

Deswegen konnte er im Römerbrief auch nieder schreiben:

„Wenn wir aber auf etwas warten, was wir nicht sehen, so warten wir darauf mit Geduld."

Aber das mit der Geduld sagt sich so leicht dahin. Was mache ich denn, wenn der Geduldsfaden zum Zerreißen gespannt ist. Was mache ich denn, wenn einer resigniert hat aufgrund eines langen Wartens?

In dieser Zeit des Wartens im Advent kann ich zum Beispiel die Kerzen am Adventskranz auf mich wirken lassen. die eben den Lichtblick der Hoffnung verkörpern, den Gott als eine schöpferische Kraft in uns gesetzt hat, damit wir uns davon getragen wissen. Dann nehme ich Dinge wahr, die ich vielleicht sonst nicht wahrnehmen würde:
die Ankunft der Liebe Gottes in dieser Welt in Form in einer Hand, die einem entgegengestreckt wird, in Form eines Menschen, der sagt: „Ich habe für dich Zeit", in Form eines Lächelns, oder einfach auch in Form dieses Versprechen Gottes aus dem Alten Testament, auf das wir uns verlassen können:
„Früchte dich nicht, ich habe dich erlöst; ich habe dich bei deinem Namen gerufen; du bist mein." – eines der schönsten Liebeserklärungen der Bibel
Adventszeit als eine Zeit, in der wir darauf warten, dass diese Liebe in unseren Herzen ankommt, von der wir uns gehalten wissen dürfen und die in uns weiterwirkt

Das verbindet die Christen aller Konfessionen als die Gemeinschaft der Gleichgesinnten, die von einem Geist geprägt ist, jetzt in dieser vorweihnachtlichen Zeit. Es ist wie ein Art Pilgerweg, auf dem wir unterwegs sind, den wir gemeinsam gehen.

In diesem Sinn wünsche ich Ihnen alle von ganzem Herzen einen gesegneten Advent.
Gesegnet heißt: der menschgewordene Gott möge in Ihren Herzen ankommen.

- als ein Lichtblick der Hoffnung, der trägt
- als Lebensatem, der Auftrieb und Kraft gibt

Er möge Ankommen in Ihren Herzen

- ein positiver Grundwert der Liebe, von dem Sie sich getragen wissen
- als Vertrauen ins Leben, Vertrauen auf Gott, Vertrauen in die schöpferische Kraft, die Gott in uns gesetzt hat und damit auch als Selbstvertrauen.

Und der Friede Gottes, der höher ist, als wir denken können, sei und bleibe bei Ihnen heute, morgen und immer. Amen

Ein ermutigender Wegweiser (Neujahrespredigt) 2. Timotheus 1, 7

Liebe Gemeinde!

Ein Mann sitzt im Gefängnis. Er hatte es gewagt, seinen Machthabern nicht nach dem Mund zu reden, sondern konsequent die Sache mit Gott zu vertreten, dessen Liebe für uns in Fleisch und Blut übergegangen ist; der sich die Solidarität mit denen, die schwach sind, mit denen, die am Rand der Gesellschaft stehen, auf die Fahnen geschrieben hat. Das war den Machthabern ein Dorn im Auge.
Schwere Gerichtsverhandlungen liegen hinter ihm. Er kommt zum Nachdenken. Er weiß nicht, welche Zukunft vor ihm liegt. Dennoch bringt er es fertig, seinem Freund und Mitarbeiter Timotheus diese ermutigenden Worte mitzuteilen: Gott hat uns nicht gegeben den Geist der Verzagtheit (Luther übersetzt hier den Geist der Furcht), sondern den Geist der Kraft, der Liebe und der Besonnenheit.
Wir sitzen zwar nicht in einem Gefängnis hinter Mauern, und doch sind auch wir manchmal gefangen in unsern Sorgen und Ängsten. Neben ganz persönlichen Situationen kann es sein, dass einem gerade jetzt zu Beginn eines neuen Jahres vielleicht stärker als sonst durch den Kopf geht, welche Zukunft wohl vor uns liegt. Und da merke ich bei diesen ganzen Ungewissheiten, dass der Spruch aus dem 2. Timotheusbrief, wenn man ihn ernst nimmt, zu ermutigendem Wegweiser wird.
Nicht als ein leeres Versprechen, sondern als eine Zusage, die im Grunde genommen eigentlich schon in Erfüllung gegangen ist.
Dieser Geist hat in dem menschgewordenen Gott, dem Mann aus Nazareth, buchstäblich Hand und Fuß genommen. Er ist Fleisch und Blut geworden. Das ist dem Verfasser in seiner Gefängniszelle zum Lebensinhalt geworden. „Gott hat uns nicht den Geist der Furcht gegeben, sondern den Geist der Kraft, der Liebe und der Besonnenheit.“

Ja, die Furcht ist leider ein Lehrmeister, auf den wir allzu oft hören. Mancher Schüler beginnt dann erst zu lernen, wenn er fürchtet, die notwendige Punktzahl nicht zusammenzubekommen. Mancher Patient befolgt dann erst den Rat des Arztes, wenn er fürchtet: Jetzt geht's mir an den Kragen. Menschen greifen zu Waffen aus Angst vor den

Anderen. Andere schauen weg (oder ziehen sich zurück), wo Unrecht geschieht aus Angst, da mit hineingezogen zu werden. „Angst aber", so sagt ein Sprichwort, „ist ein schlechter Ratgeber." Oft gibt es da Kurzschlusshandlungen, ganz abgesehen davon, dass Angst auch lähmen kann; dass sie verzagt machen kann.
Dass auch Christen Angst haben, sagt Jesus mit seinem Wort. „In der Welt habt ihr Angst." Aber er fährt auch fort: „Seid getrost, ich habe die Welt überwunden." Christus will nicht, dass die Furcht für uns der bestimmende Lehrmeister ist. Er gibt uns einen besseren. Er sendet seinen Geist, wie es hier heißt.

An 1. Stelle ist hier vom Geist der Kraft die Rede. Damit ist das Vermögen gemeint, durchzuhalten, wenn die eigenen Kräfte längst verbraucht sind. Wie schnell kommen wir manchmal an die Schwelle unserer Kräfte, an die Grenzen unserer Möglichkeiten. Wie oft machen Patienten die Erfahrung, dass das manchmal gar nicht so einfach nachzuvollziehen ist, wenn gesagt wird: Sie müssen einfach Geduld haben.
Oder wenn ich beispielsweise morgens die Zeitung aufschlage, und die Berichte von den Gewalttaten, Misshandlungen bei uns und den Kriegshandlungen in anderen Ländern lese, dann stoße ich an die Grenze meiner Möglichkeiten
Diese Grenzsituationen erlebe ich aber auch dann, wenn ich hier im Krankenhaus Menschen begegne, die an einer unheilbaren Krankheit leiden, bei dem die Ärzte an die Grenzen ihrer Möglichkeiten gestoßen sind, wo das Ende mehr oder weniger abzusehen ist,

In solchen Situationen ist es dann hilfreich, uns in Gottes Namen und um Gottes Willen zu überlegen, wes Geistes Kinder wir eigentlich sind, unsere Unzulänglichkeiten, Ängste und Sorgen, auch die Sogen um den Frieden in der Welt ins Gebet zu nehmen, und auf die Kraft dessen zu vertrauen, , der in der Weihnachtsbotschaft als Friedensfürst bezeichnet wird und von dem hier gesagt wird, dass er uns einen anderen Geist gegeben hat: die Kraft, die Liebe und die Besonnenheit.
An Gottes Geist glauben heißt darum, sich auf seine Kraft zu verlassen, zu vertrauen (Jahreslosung: Was bei den Menschen unmöglich ist, das ist bei Gott möglich.). Das heißt

dann auch: Vertrauen in das Leben, dass ich mich traue, mein Leben so anzunehmen, wie Gott es mir eben zumutet.

Er, der bereits alle Schwellen, sogar die Schwelle des Todes, überwunden hat, möchte uns den Rücken stützen, stärken und uns Kraft geben, wenn wir an die Schwelle unserer Kräfte angelangt sind. Dass hießt, durch diese Zusage des Geistes, der in diesem Mann aus Nazareth Hand und Fuß gewonnen hat, dürfen wir darauf vertrauen, dass wir unseren Weg in die Zukunft, der uns noch verdeckt ist, nicht alleine gehen. Durch dieses Bewusstsein können einem auch Kräfte zuwachsen, die einem Mut machen, den Weg durchs neue Jahr unverzagt zu gehen.

Weiter heißt es hier: Gott hat uns den Geist der Liebe gegeben. Sie gibt die Richtung an auf diesem Weg. Sie will sozusagen ein Kompass sein auf dem vor uns liegenden Wegesabschnitt. Diese Liebeserklärung, die in dem Mann aus Nazareth Gestalt angenommen hat, von der wir uns anstecken lassen dürfen, wirkt weiter. Wir können sie mit einer Bewegung vergleichen. Eine Bewegung, die von Gott ausgeht, uns meint, und durch uns auf andere weiterwirken will. Wer Liebe üben kann, der kann sicher sein, dass Gottes Geist auf seiner Seite ist. Was wir an Liebe in uns haben, ist von Gott.
Und das ist die Liebeserklärung Gottes an uns:
dass ich in einer Eigenart angenommen bin und nicht abgelehnt und daher fähig bin, andere anzunehmen in ihrer Eigenart,
dass ich geliebt bin, und nicht verachtet, und daher fähig sind, anderen mit Liebe zu begegnen,
dass ich Vergebung erfahre, und somit jederzeit die Möglichkeit eines neuen Anfangs haben und daher fähig bin, auch anderen gegenüber nicht nachtragend zu sein,
dass wir geführt sind, und nicht fallen gelassen, und nicht uns selbst überlassen und daher fähig sind, auch wenn wir es nicht merken, anderen eine Rückenstütze zu sein, anderen ein Vorbild zu sein, und unseren Mund dort auf zutun, wo christliche Werte verletzt werden.

Diese Liebeserklärung dürfen wir auf uns wirken lassen; anders ausgedrückt: on ihr dürfen wir uns getragen wissen auch in all unserer Unvollkommenheit, auch in all unserer Schwäche. Aber wir dürfen sie auch weitertragen und das, was in uns von Christus, von der Liebe her, angelegt ist, verwirklichen. Das bedeutet für mich Hoffnung. „Denn Gott hat uns seinen Geist nicht gegeben, dass wir ihn ängstlich verstecken", so übersetzt Jörg Zink diese Jahreslosung, „sondern damit wir Kraft haben für unseren Dienst und Liebe für die Menschen, und damit wir uns selbst in Zucht nehmen."

Hier sind wir beim dritten Punkt:
Gott hat uns den Geist der Besonnenheit gegeben. Der Ausdruck Zucht, wie ihn Luther und hier Zink übersetzt, ist missverständlich. Es geht nicht darum, dass uns jemand auf die Finger klopft, sondern dass wir an uns arbeiten. In anderen Übersetzungen des Neuen Testamentes ist daher vom Geist der Selbstbeherrschung die Rede. Selbstbeherrschung und Besonnenheit im Gegensatz zu Furcht, Angst und Verzagtheit. Das ist hier gemeint.
Besonnenheit, d.h. dass ich mir täglich neu bewusst mache, dass der menschgewordene Gott in mir eine Hoffnungsbasis angelegt hat, die mich hält, aus der heraus ich lebe; aus der heraus die/ der andere mir nicht gleichgültig ist; eine Hoffnungsbasis, aus der heraus ich mir bewusst mache, das Gott uns Menschen wie Schwestern und Brüder zugeordnet hat; nicht dass wir uns gegenseitig kränken, sondern uns weiterhelfen; und solidarisch die anstehenden Aufgaben des Lebens anpacken.
Besonnenheit d.h., dass ich kritikfähig bleibe, dass mir beispielsweise auch der Umgang mit den Ressourcen dieser Erde wichtig ist und dass ich den Zugang nicht verliere zu den schöpferischen Kräften, die Gott in mir und in jeden von uns angelegt hat.

Daher ist es manchmal wirklich hilfreich, unsere Ängste, unsere Verzagtheit ins Gebet zu nehmen, sich zu überlegen, wes Geistes Kinder wir sind. Hauptsache wäre dann, uns zu vergegenwärtigen, dass wir von Gottes Geist der Kraft, Liebe und Besonnenheit geprägt sind, so dass er uns in Fleisch und Blut übergeht und Hand und Fuß gewinnt und alles bestimmt, was wir reden, denken und tun.

Liebe Gemeinde, ich wünsche Ihnen von Herzen, möge Ihnen diese Zusage auch für Sie zu einem ermutigenden Wegweiser werden. Denn Gott hat uns nicht den Geist der Verzagtheit gegeben, sondern den Geist der Kraft, der Liebe und der Besonnenheit.

Und so möge der Friede Gottes, der höher ist, als wir denken können, bei Ihnen bleiben heute, morgen und immer. Amen

Printed by Books on Demand GmbH, Norderstedt / Germany